AF618958

Jacob Burckhardt-Gespräche auf Castelen

Band 45

David E. Wellbery

# Die schönste Geschichte der Welt

## Morphologisch-hermeneutische Studien zu Johann Peter Hebel und Franz Kafka

Schwabe Verlag

Die Jacob Burckhardt-Gespräche auf Castelen
wurden im Rahmen der Römer-Stiftung Dr. René Clavel
begründet von Dr. iur. Dr. phil. h. c. Jacob Frey-Clavel.



Bibliografische Information der Deutschen Nationalbibliothek
Die Deutsche Nationalbibliothek verzeichnet diese Publikation in der Deutschen Nationalbibliografie; detaillierte bibliografische Daten sind im Internet über http://dnb.dnb.de abrufbar.

Umschlaggestaltung: icona basel gmbh, Basel
Cover: Schwabe Verlag Berlin
Korrektorat: Constanze Lehmann, Berlin
Satz: textformart, Daniela Weiland, Göttingen
Druck: Beltz Grafische Betriebe GmbH, Bad Langensalza
Printed in Germany
Herstellerinformation: Schwabe Verlag, Schwabe Verlagsgruppe AG,
St. Alban-Vorstadt 76, CH-4052 Basel, info@schwabeverlag.ch
Verantwortliche Person gem. Art. 16 GPSR: Schwabe Verlag GmbH,
Marienstraße 28, D-10117 Berlin, info@schwabeverlag.de
ISBN Printausgabe 978-3-7965-5460-5
ISBN eBook (PDF) 978-3-7965-5461-2
DOI 10.24894/978-3-7965-5461-2
Das eBook ist seitenidentisch mit der gedruckten Ausgabe und erlaubt Volltextsuche.
Zudem sind Inhaltsverzeichnis und Überschriften verlinkt.

rights@schwabe.ch
www.schwabe.ch

# Inhalt

# Vorbemerkung

Franz Kafka nannte Johann Peter Hebels Kalendergeschichte *Unverhofftes Wiedersehen* die «schönste Geschichte der Welt». Mit dieser Formulierung wollte er nicht bloß eine individuelle Präferenz bekunden. Indem es die Anerkennung eines meisterhaften Erzählers durch einen gleichrangigen Meister des Faches zum Ausdruck bringt, beansprucht das Urteil überpersönliche Geltung.

Nachfolgende Studien nehmen die Hebel und Kafka verbindende Meisterschaft im Erzählen zum Anlass, Texte von beiden Autoren im Hinblick auf deren immanente Poetik zu untersuchen. Es soll die besondere Kontur der ästhetischen Erfahrung, welche die ausgewählten Texte dem Leser ermöglichen, nachgezeichnet werden. Bei aller Nähe zum Einzeltext zielen die zwei Studien jedoch auf ein Allgemeines. Sie führen eine Verfahrensweise literaturwissenschaftlicher Interpretation exemplarisch vor. Das theoretische Zentrum dieser Verfahrensweise bildet ein im Anschluss an Goethes morphologische Theorie entwickeltes, aber auch an Gedanken Schellings und Hegels anknüpfendes Formkonzept, welches in früheren Publikationen des Verfassers erörtert wurde.[1] Der dort eingeführte Leitbegriff lautet *endogene*

1 Vgl. Verf., Form und Idee. Skizze eines Begriffsfelds um 1800, in: *Morphologie und Moderne. Goethes «anschauliches Denken» in den Geistes- und den Kulturwissenschaften seit 1800*, hrsg. Jonas Maatsch, Berlin 2014, S. 17–42. Selbstbezüglichkeit und Ursprünglichkeit der Form, in: *Formbildung und Formbegriff. Das Formdenken in der Moderne*, hrsg. von Markus Klammer, Malika Maskarinec, Rahel Villinger, München 2019, S. 181–200; Goethes «Iphigenie auf Tauris». Ein Beitrag zur morphologischen Hermeneutik, in: *Überforderung der Form. Studien zur literarischen Form Dynamik*, hrsg. von Jan Urbich u. David E. Wellbery, Göttingen 2024, S. 55–93.

*Form.* Form wird nicht als abstraktes Arrangement, sondern als *integrierende geistige Tätigkeit* konzipiert. Form ist das immanente Prinzip der Einheit, worauf das Sosein des künstlerischen Gegenstandes gründet.[2] In Hegels *Vorlesungen über die Ästhetik* lautet die entsprechende Begriffsbestimmung: «die der Realität ihrem Begriff nach innewohnende und sich herausgestaltende Form.»[3]

Die Zentrierung des Interpretationsverfahrens um den Formbegriff mag verwunderlich scheinen, denn die maßgeblich von Heidegger und Gadamer geprägte hermeneutische Theorie ist durch eine kategorische Ablehnung des Formbegriffs gekennzeichnet. Diese theoretische Haltung beruht jedoch auf einer schiefen, weil formalistisch geprägten Variante des Formbegriffs.[4] Wenn man aber vom endogenen Formbegriff ausgeht, dann zeichnet sich die Möglichkeit einer *morphologischen Hermeneutik* ab, welche die auf allen Ebenen des Kunstwerks vollzogene, vereinheitlichende Sinnproduktion zu rekonstruieren vermag. Darüber hinaus bietet die morphologische Hermeneutik theoretische Instrumente, die Konstanz und Wandel innerhalb von Werkreihen (morphologischen Typen) erfassen lassen. Sie zielt auf das Verständnis nicht nur von Einzelwerken, sondern auch vom geschichtlich sich entfaltenden Formenwandel.

2 Dieses Formkonzept geht auf Aristoteles zurück. Zum aristotelischen Begriff der Form als Tätigkeit vgl. Areyeh Kosman, *The Activity of Being: An Essay on Aristotle's Ontology*, Cambridge/London 2013. Zum logischen Status des aristotelischen Formbegriffs vgl. Wilfrid Sellars, Substance and Form in Aristotle, *Journal of Philosophy* 34/22 (1957), 688–699.

3 G. W. F. Hegel, *Werke in zwanzig Bänden*, hrsg. von Eva Moldenhauer und Karl Markus Michel, Frankfurt a. M. 1970, Bd. 13, S. 156.

4 Die hier angedeutete Kritik an der Formaversion von Heidegger und Gadamer wurde im Plenarvortrag des Verfassers auf der Tagung der Hans-Georg-Gadamer-Gesellschaft (2024) ausführlich dargelegt.

Der Essay über Johann Peter Hebels *Unverhofftes Wiedersehen* wurde am 6. Juni 2025 als Vortrag im Rahmen der Jacob-Burckhardt-Gespräche auf Castelen präsentiert. Der Essay über Franz Kafkas *Wunsch, Indianer zu werden* basiert auf einem Vortrag, der während der vorausgehenden Jahre an der University of Chicago, der Freien Universität Berlin und der Ruprecht-Karls-Universität Heidelberg gehalten wurde. Wichtige Anregungen verdanke ich Gesprächen mit Friedrich Teja Bach, Frauke Berndt, James Conant, Daniel Carranza, Carsten Dutt, Michael Fried, Klaus Hempfer, Gunnar Hindrichs, Christoph König, Joel Lande, Jonathan Lear, Christian Martin, Winfried Menninghaus, Robert Pippin, Ursula Renner, Ralph Ubl, Jan Urbich und Juliane Vogel.

# Glücksversprechen
# Johann Peter Hebels Kalendergeschichte *Unverhofftes Wiedersehen*

Die hier im Wahrschein
bloß versprechliche,
die blinde Rose …[5]

## I

«Essay» heißt Versuch, und in diesem Essay wird der Versuch unternommen, eine literaturwissenschaftliche Fragestellung – die Frage nach der Form eines bestimmten literarischen Textes – bis zu dem Punkt zu entfalten, wo sie in eine philosophische Frage – die Frage nach der Darstellbarkeit des Lebenssinns – umschlägt. Im Zentrum meiner Überlegungen steht die berühmte, erstmals 1811 erschienene Kalendergeschichte von Johann Peter Hebel: *Unverhofftes Wiedersehen*. Kafka hat sie «die schönste Geschichte der Welt» genannt, eine, wie ich zeigen möchte, zutreffende Übertreibung.

Der Gedanke, dass Hebels Werk philosophisch von Bedeutung sei, ist natürlich nicht neu. Im 20. Jahrhundert haben seine Erzählungen mehrfach die Aufmerksamkeit von prominenten Philosophen auf sich gezogen. An erster Stelle ist in diesem Zusammenhang auf Walter Benjamin hinzuweisen, der in seinem anregenden, wenn auch problematischen Essay *Der Erzähler* (1936) dem mittleren Abschnitt von *Unverhofftes Wiedersehen*

5 Ernst Meister, *Sage vom Ganzen den Satz. Gedichte*, hrsg. R. Kiefer, Aachen 1996, S. 83.

eine kühne geschichtsphilosophische Reflexion angedeihen ließ.[6] Schon zehn Jahre vorher hatte Benjamin in einem Essay zum hundertsten Todestag Hebels die gleiche Textstelle herausgehoben; sie war ihm offenbar wichtig. Auf die im *Erzähler*-Essay vertretene These werde ich später zurückkommen.

Schon hier möchte ich jedoch eine kurze Anmerkung zu Martin Heideggers wichtigstem Beitrag zur Hebeldeutung, dem Essay *Hebel – Der Hausfreund* (1957), einfügen. In der germanistischen Forschungsliteratur zu Hebel wird diese kleine Schrift oft kritisch, ja vernichtend besprochen. Man meint, Heidegger habe den aufklärerisch-kosmopolitischen Schriftsteller Hebel als badischen Heimatdichter, als Verkünder einer dörflich-bäuerischen Lebensform stilisiert. Dagegen ist einzuwenden, dass Heidegger zu den wenigen Kommentatoren gehört, die auch die naturwissenschaftlich-naturphilosophischen Studien, welche Hebel dem Kalender einflocht, ernstnehmen. Zu diesen Studien schreibt Heidegger Folgendes:

> Der Hausfreund zeigt die Natur *auch* in ihrer wissenschaftlichen Berechenbarkeit. Aber er verliert sich nicht in dieser Naturauffassung. Der Hausfreund lenkt zwar den Blick auf die berechenbare Natur, holt jedoch die so vorgestellte Natur zugleich in die *Natürlichkeit* der Natur zurück. […] Das Natürliche der Natur ist jenes Auf- und Untergehen der Sonne, des Mondes, der Sterne, das die wohnenden Menschen unmittelbar anspricht, indem es ihnen das Geheimnisvolle der Welt zuspricht. […] Dieser Hausfreund verbauert allerdings das Universum. Aber dieses Verbauern hat die Art jenes Bauens, das auf ein ursprünglicheres Wohnen des Menschen hinausdenkt.[7]

Die Formulierung, Hebel würde das Universum «verbauern», ist Goethes wichtiger Rezension der *Alemannischen Gedichte*

6 Walter Benjamin, *Gesammelte Schriften*, hrsg. von Rolf Tiedemann und Hermann Schweppenhäuser, Frankfurt a. M. 1991, Bd. II.2, S. 438–465.

7 Martin Heidegger, *Kleine Schriften*, hrsg. von Alfred Denker und Dorothea Scholl, Stuttgart, 2022, S. 92.

entlehnt.[8] Heideggers Deutung der in Hebels Werk dargestellten Naturerfahrung überführt das durchaus positiv gemeinte Wort Goethes in eine systematische Konstruktion von Hebels Naturauffassung, die sich in Begriffen wie *Wohnen* oder *Bauen* oder *Auf-* und *Untergehen* artikuliert. Diese Begriffe sind ontologisch gemeint; sie verweisen auf den umfassenden Bedeutsamkeitsnexus, in dem sich menschliches Sein ursprünglich erfährt. Die philosophische Bedeutung von Hebels Handhabung dieser Begriffe liegt Heideggers Auffassung nach darin, dass sie eine durch die Verwissenschaftlichung des Naturverständnisses verdeckte, ontologisch gehaltvolle Erfahrungsschicht erschließt. Ich will nicht bestreiten, dass Heideggers Ausführungen interpretatorische Verzerrungen – zumal die Ausblendung des christlichen Elements in Hebels Denken – enthalten, aber dass sie Hebels Welt auf eine ideologisch verbrämte Bauernidylle reduzieren, trifft gewiss nicht zu. Mir jedenfalls scheint Heideggers Hebel-Essay ein interessantes, wenn auch kontroverses Modell philosophischer Interpretation von literarischen Texten zu bieten.

Zu den kanonischen philosophischen Kommentaren zu Hebels Weltentwurf gehört auch Ernst Blochs Nachwort zu einer 1965 veröffentlichten Ausgabe von Hebels *Kalendergeschichten*.[9] In diesem für ein breites Lesepublikum verfassten Essay erweist Blochs völlig ins Konkrete versenktes Denken seine erhellende Kraft. Die Hebelforschung verdankt seinen Ausführungen zumal die Erkenntnis, dass Hebels Erzählstimme – und zwar auch bei stiller Lektüre – als eine vom Atem getragene Stimme erlebt wird.

8 Johann Wolfgang von Goethe, *Sämtliche Werke. Briefe, Tagebücher und Gespräche*, hrsg. von Friedmar Apel, Hendrik Birus u. a., Frankfurt a. M. 1987 f., Bd. I.18, S. 974.

9 Ernst Bloch, «Nachwort», in: Johann Peter Hebel, *Kalendergeschichten*, Auswahl und Nachwort von Ernst Bloch (Frankfurt a. M. 1965) S. 133–150.

Überhaupt weist Hebels Sprachduktus ein leiblich-gestisches Moment auf, welches den Vorgang des Sinnprozessierens steuert. Das ist am oft verwendeten Imperativ «Merke» zu beobachten, einer Sprachgeste, welche die Aufmerksamkeit von Lesern und Zuhörern auf das im Wortsinn Merk*würdige* hinlenkt, das heißt: auf den präzisen Punkt, an dem sich gehaltvolle Einsicht – die Pointe des Erzählten – entzündet. Ein subtileres, für meine Überlegungen besonders wichtiges Beispiel solcher Erzählgestik ist der «transzendierende» Zug, den Bloch am Schlusssatz von *Unverhofftes Wiedersehen* ausmacht. Es wird zu zeigen sein, wie diese Sprachgeste den leiblich nachzuvollziehenden Rezeptionsakt gleichsam über die Textgrenze hinausträgt.

Weniger bekannt vielleicht als die Werke der genannten Philosophen, jedoch für mein Hebelverständnis grundlegend sind die philosophischen Arbeiten von Wilhelm Schaap.[10] Die umfassende Horizontlinie meiner Lektüre von *Unverhofftes Wiedersehen* zeichnet dessen Grundthese nach, der zufolge menschliches Sein als ein in Geschichten verstricktes – man könnte auch sagen: eingewobenes – Sein zu begreifen sei. Geschichten bilden die Grundform menschlicher Weltbegegnung und menschlichen Selbstverständnisses; menschliches Leben ist unhintergehbar ein Leben in Geschichten. Von Schaaps Geschichtenphilosophie aus lässt sich die geistige Arbeit, die in Hebels Kalendergeschichten vollzogen wird, als der Versuch erfassen, fundamentale Parameter des menschlichen Daseinsverständnisses zu ermessen und somit den umfassenden Sinn menschlichen Lebens erzählend zu umreißen. Aus literaturwissenschaftlicher Sicht ist Schaaps

10 Wilhelm Schaap, *In Geschichten verstrickt. Zum Sein von Ding und Mensch*, 5. Auflage, Frankfurt a. M. 2012; W. S., *Philosophie der Geschichten*, hrsg. von Karen Joisten und Jan Schapp, 3., überarbeitete Auflage, Frankfurt a. M. 2015.

Konzept des In-Geschichten-verstrickt-Seins vor allem deswegen zentral, weil es den philosophischen Gehalt der Kalendergeschichten mit der in ihnen geleisteten narrativen Formarbeit zusammendenken lässt. Ein ebenso wichtiger Aspekt von Schaaps philosophischem Leitkonzept besteht darin, dass es die Geschichten, welche das menschliche Sein artikulieren, im Plural erfasst. Zwar interessieren ihn auch umfassende Weltgeschichten wie die homerischen Epen oder Dantes *Göttliche Komödie*, aber der Hauptakzent fällt stets auf das breite Geflecht von lebenspraktisch eingebetteten, auch recht ephemeren Narrativen. Schaap vertritt keine Geschichtsphilosophie, sondern eben eine Geschichtenphilosophie.[11]

Ein anderer Forschungsbeitrag, der meine Überlegungen zu Hebel maßgeblich beeinflusst hat, ist hier etwas ausführlicher zu besprechen. Es handelt sich um die schlanke, jedoch bahnbrechende Studie *Einfache Formen*, die der Literaturwissenschaftler (auch Kunst- und Sprachwissenschaftler) André Jolles 1930 herausbrachte.[12] Das Buch ist deswegen für mein Vorhaben von Belang, weil es in ihm nicht um Einzelwerke geht, sondern um die Formrezepte, gleichsam die Schablonen, die in unzählbar vielen Einzeltexten konkretisiert werden. In der Forschungsliteratur zu Hebel wird meines Erachtens nicht hinreichend bedacht, dass in der überwiegenden Mehrzahl der Kalendergeschichten vorgegebenes Erzählmaterial bearbeitet wird und dass die Kalendergeschichten insgesamt ein beschränktes Repertoire an narrativen Mustern variieren. Beide Punkte sind auch für die Interpretation von *Unverhofftes Wiedersehen* relevant. Natürlich wird von

11 Vgl. Hermann Lübbe, «Sprachspiele und Geschichten. Neopositivismus und Phänomenologie im Spätstadium», in: *Kantstudien* 52 (1960), 220–243.

12 André Jolles, *Einfache Formen. Legende, Sage, Mythe, Rätsel, Spruch, Kasus, Memorabile, Märchen, Witz*, Darmstadt 1958.

sämtlichen Interpreten erwähnt, dass die Erzählung eine Quelle hat – nämlich den 1809 erschienenen Nachdruck eines Berichts aus Gotthilf Heinrich Schuberts *Ansichten von der Nachtseite der Naturwissenschaften* –, aber auch die eindringlichsten Interpretationen – ich verweise besonders auf die brillanten Aufsätze von Joachim Maas und Karlheinz Stierle[13] – berücksichtigen die Tatsache nicht, dass das narrative Muster, demgemäß Hebel die anekdotische Vorgabe umgestaltet, in den Kalendergeschichten mehrfach vorkommt. Meiner Meinung nach lässt sich dieser Aspekt von Hebels Erzählwerk mithilfe des von Jolles eingeführten Konzepts der Einfachen Form erfassen.

Für meine Zwecke sind die Ausführungen zur Einfachen Form *Legende* ein fruchtbarer Anknüpfungspunkt. Die Legende mag zunächst als Hebels Welt völlig fremd erscheinen, aber man sollte nicht vergessen, dass die Ereigniskette von *Unverhofftes Wiedersehen* von den Festtagen *Sanct Lucia* (dem 13. September) und *Sanct Johannis* (dem 23. Juni) umrahmt ist. Wir werden sehen, dass diese Datierung ein Licht auf den Gehalt der Erzählung wirft. Hier geht es mir jedoch nicht um eine spezifische, kanonisierte Legende, sondern um die von Jolles durchgeführte theoretische Konstruktion der Legendenform. Man kann sein Argument wie folgt umreißen: Gegeben sei ein historisches Erfahrungsfeld, zum Beispiel die diokletianische Christenverfolgung, die Anfang des vierten Jahrhunderts einsetzte. Aus diesem

13 Joachim Maas, Die Geheimwissenschaft der Literatur, in: *Grundlagen der Literaturwissenschaft. Exemplarische Texte,* hrsg. von Bernhard Dotzler (Köln, Weimar, Wien 1999. (Erstdruck in einem von Maas verfassten Band gleichen Titels, 1949.) Karlheinz Stierle, Die Struktur narrativer Texte. Am Beispiel von Hebels Kalendergeschichte «Unverhofftes Wiedersehen», in: K. S., *Text als Handlung. Grundlegung einer systematischen Literaturwissenschaft.* Neue, veränderte und erweiterte Auflage, München 2012, S. 201–218.

Feld kristallisieren sich bestimmte prägnante Sprach- und Bildformeln heraus, in denen der fluktuierende historische Geschehensbereich auf eine überschaubare Anzahl von affektiv stark besetzten Ereigniseinheiten gebracht wird. Eine Formulierung Nietzsches aufgreifend nennt Jolles diese prägnanten Formeln *Sprachgebärden*. Hier einige Beispiele: a) *der Märtyrer wird in den Tempel mit den vielen Götzenbildern geführt*; b) *die Götzenbilder zerspringen*; c) *man legt ihn auf ein Rad mit scharfen Klingen*; d) *eine himmlische Erscheinung in weißem Gewande reicht ihm die Hand*. Es sind variable Erzählmomente eines umfassenden Narrativs, dessen durchhaltende Konstante nach Jolles *das Wirken der tätigen Tugend* ist, jene Kraft des Guten, die sich am Glauben, Leiden und der Erlösung des Märtyrers exemplarisch manifestiert. Es geht hier gar nicht um Einzelpersonen, sondern um die jegliche weltliche Prüfung, so entsetzlich diese auch sein mag, bestehende Tugend, deren Verwurzelung im unerschütterlichen Glauben durch ein eintreffendes Wunder verbürgt wird. In der Formulierung von Jolles: «Nicht der Zusammenhang des menschlichen Lebens ist [in der Vita eines Heiligen] wichtig, nur die Augenblicke sind es, in denen das Gute sich vergegenständlicht.»[14] Zur Einfachen Form Legende gehört noch eine letzte Komponente, nämlich die Rezeptionshaltung, die spezifische Einstellung des Lesers oder Hörers. Der von Jolles verwendete Terminus dafür ist *Geistesbeschäftigung* und die spezifische Geistesbeschäftigung, welche die Legende prägt, nennt er *Imitatio* – die innerliche Nacheiferung des durch die Legende erstellten Vorbilds, gleichsam der emotionale Mitvollzug des Weges zur Heiligkeit. Zusammenfassend:

14 Jolles, 40.

Die Einfache Form
LEGENDE

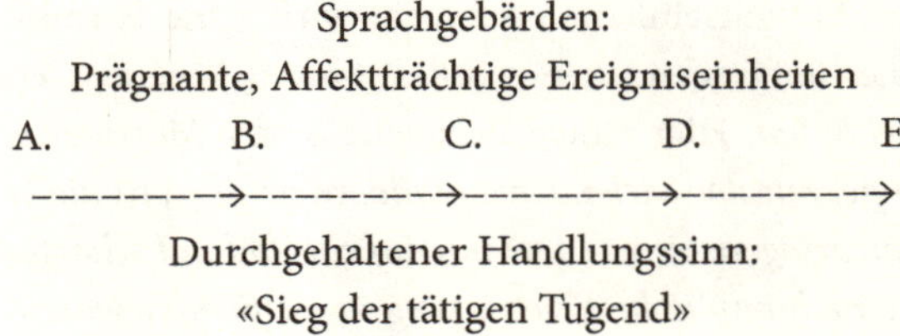


Geistesbeschäftigung:
*Imitatio*
Nacheifernder Nachvollzug bis hin zum inneren Wandel

Ein für meine Fragestellung besonders wichtiger Aspekt dieses Formkonzepts ist die Unterscheidung zwischen der Einfachen Form an sich – das heißt: dem abstrakten Schema, der Erzählformel – und der mit situativer Spezifikation versehenen Konkretisierung derselben. Letztere nennt Jolles die *Aktuelle Einfache Form*. Auch auf der Stufe ihrer aktuellen Erscheinungsform ist die Legende etwas Allgemeines, das vielfach verwirklicht werden kann, nunmehr aber mit Eigenamen und Attributen versehen. Man denke etwa an die heilige Lucia oder den heiligen Johannes, auf die in *Unverhofftes Wiedersehen* scheinbar beiläufig verwiesen wird. Um die beiden Formstufen etwas deutlicher zu markieren, als Jolles das tut, verwende ich im Folgenden die Termini Erzählschema und Erzähltradition. Auf beiden Stufen handelt es sich um Normen der Produktion von Varianten. Unbegrenzt viele Legenden, die dem Schema entsprechen, sind theoretisch möglich, aber auch die Erzähltradition beispielsweise um die Figur der heiligen Lucia verwirklicht sich in einer immer fortsetzbaren Reihe von Erzählungen, Bildern und Zeremonien. Erzählschemata und Erzähltraditionen sind als Formen zu begreifen, deren

Generativität sich in ständiger Umgestaltung bewährt. Erzählt wird, um in leicht variierter Ausgestaltung wieder erzählt zu werden. Jolles trifft eine weitere Unterscheidung, die mir wichtig ist. Der zweifach gestuften Allgemeinheit von Schema und Tradition setzt er das eigengesetzliche Formgefüge des *Kunstwerks* entgegen.[15] Ein Kunstwerk existiert nur in der singulären Verdichtung seiner Bezüge, in der immanenten Gesetzmäßigkeit seiner Formgebung. Zwar kann das Kunstwerk auf Erzähltraditionen zurückgreifen und somit das der Tradition zugrunde liegende Erzählschema in seine Textur einflechten, aber es erschöpft sich nicht in der Verwirklichung bestehender Normen.

Die Differenz zwischen Erzähltradition und Kunstwerk lässt sich an einem bildlichen Beispiel illustrieren. Das Gemälde *Der Tod des heiligen Petrus Martyr* (1530/35, Abb. 1)) von Gerolamo Savaldo steht in der Erzähltradition um den 1252 von gedungenen Mördern getöteten und schon im folgenden Jahr kanonisierten Dominikaner. Ohne den Bezug zu dieser Tradition lässt sich das Gemälde nicht verstehen. Aber das Bild erschöpft sich ersichtlich nicht in der Vermittlung des narrativen Materials. Als Kunstwerk betrachtet, lebt das Gemälde vielmehr in dem immanenten Bezugsgeflecht seiner Momente. Solche Momente sind beispielsweise die präzise Konstruktion des dramatischen Augenblicks, Textur und Kolorit der fließenden Gewänder, die Teilung (himmlisch–irdisch) des Hintergrundes, die Zentrierung des Bildes um die ausdrucksstarke Geste der Hand, der Blick des Heiligen, der gerade das sieht, was wir als Betrachter nicht zu sehen vermögen:

15 Zur Unterscheidung zwischen Erzähltradition und Kunstwerk vgl. die Ausführungen zu den Begriffen «exogene» und «endogene» Form in: Jan Urbich und David E. Wellbery, Unsystematische Bemerkungen zu den Begriffen der Form und der Überforderung der Form – eine Einleitung, in: *Überforderung der Form. Zur literarischen Formdynamik*, hrsg. von Jan Urbich und David E. Wellbery, Göttingen 2024, S. 19–32.

Abb. 1: Giovanni Girolamo Savoldo: The Death of St. Peter Martyr. 1530/1535, Öl auf Leinwand, 115,3 × 141 cm.

die Ankunft des ihn rettenden Engels.[16] Die das Zusammenspiel solcher Momente mitvollziehende Kunstbetrachtung aktualisiert reflektierend die einmalige ästhetische Textur des Gemäldes.[17]

## II

Mithilfe des skizzierten theoretischen Rahmens können wir nun die innere Ordnung von Hebels Geschichten sichtbar machen. Die in den jährlich erscheinenden Kalendern gedruckten Geschichten sind in der Mehrzahl dazu da, um nacherzählt und in der Nacherzählung variiert zu werden. Sie sind Knotenpunkte von Erzähltraditionen, die ihrerseits einige wenige zugrunde liegende Schemata realisieren. Auf ihre wortwörtliche Gestalt, so geschickt diese auch konfiguriert sein mag, kommt es nicht primär an, sondern auf den dargestellten Handlungsverlauf, die überraschende Wende, die merkwürdige Pointe (Lehre), d. h. auf narrative Momente, die sich in der Tradierung erhalten. In den Kalendern gibt es jedoch auch Texte, die sich aus diesem Erzählstrom erheben und sich zu Kunstwerken im erläuterten Sinne verdichten. Diese sind nur Wort für Wort zu lesen und zu sprechen. Jede ihrer Gesten ist nachzuempfinden, das Gewicht jedes Wortes abzuwägen, jede Sinnnuance auszukosten. So einmalig jedoch solche Werke auch sein mögen, in ihrem Kunstsein sind sie nur dann verständlich, wenn man sie vor dem Hintergrund der Erzähltraditionen und des diesen zugrunde liegenden Erzählschemas sieht.

16 Vgl. die eingehende Analyse des Gemäldes in: Michael Fried, *Painting with Demons. The Art of Gerolamo Savoldo*, London 2021, S. 22–43.

17 Das Zusammenspiel der Momente ist nicht beliebig, sondern entfaltet sich gemäß einem immanenten Prinzip, das beispielsweise John Dewey so erfasst: «the principle […] of cumulative progression toward the fulfillment of an experience in terms of the integrity of the experience itself». John Dewey, *Art as Experience*, New York, 1980, S. 164 (Erstdruck 1934).

Ein solches aus einer Erzähltradition hervorgegangenes, jedoch zur Einmaligkeit durchgeformtes Werk ist *Unverhofftes Wiedersehen*. Das erkennt man, wenn man sämtliche Geschichten betrachtet, die Hebel zwischen 1807 und 1814 in dem von ihm herausgegebenen Kalender *Der Rheinländische Hausfreund* veröffentlichte.[18] Es lassen sich dort fünf Erzählungen erkennen, die das gleiche narrative Grundmuster wie *Unverhofftes Wiedersehen* aufweisen:

**Narrative des Wiedersehens**

1) *Kayser Napoleon und die Obstfrau in Brienne* (1809)
2) *Merkwürdige Schicksale eines jungen Engländers* (1809)
3) *Unverhofftes Wiedersehen* (1811)
4) *Lange Kriegsfuhr* (1812)
5) *Die gute Mutter* (1813)
6) *Franziska* (1814)[19]

Die Texte sind über verschiedene Jahrgänge verstreut, mit Ausnahme eines Jahrgangs (1809) kommt im Kalender nur eine Geschichte des Typs vor. Interessanterweise sind alle sechs Geschichten mit Illustrationen versehen, was ihnen innerhalb des jeweiligen Kalenders eine gewisse Prominenz verleiht. In allen Fällen hebt die Abbildung den Augenblick des Wiedersehens

18 Johann Peter Hebel, *Gesammelte Werke*. Kommentierte Lese- und Studienausgabe in sechs Bänden, hrsg. von Jan Knopf, Franz Littmann, Hansgeorg Schmidt-Bergmann unter Mitarbeit von Esther Stern im Auftrag der Literarischen Gesellschaft Karlsruhe, Göttingen 2019, Bd. III, *Kalenderbeiträge*. Im Folgenden wird für diese Ausgabe die Sigle *GW* mit Angabe von Band- und Seitenzahl verwendet.

19 *Kayser Napoleon und die Obstfrau in Brienne* (*GW* III, 165–167); *Merkwürdige Schicksale eines jungen Engländers* (*GW* III, 179–184); *Unverhofftes Wiedersehen* (*GW* III, 269–272); *Lange Kriegsfuhr* (*GW* III, 295–299); *Die gute Mutter* (*GW* III, 337–340); *Franziska* (*GW* III, 393–398).

bzw. des Wiedererkennens heraus, fixiert mit anderen Worten den revelatorischen Moment im Verlauf des Narrativs. In zwei Geschichten – *Merkwürdige Schicksale eines jungen Engländers* und *Die gute Mutter* – wird jener Moment durch das Adjektiv «unverhofft» modifiziert, in der Geschichte vom Engländer ist sogar von der «Freude des unverhofften Wiedersehens» die Rede. Aber der Handlungslogik nach gipfeln alle sechs Varianten in einem unverhofften Wiedersehen. Schon diese Faktoren – vereinzeltes Vorkommen, Heraushebung durch Illustration, Kulmination in einem Moment des Wiedersehens – weisen die Gruppe als eine in sich zusammenhängende Klasse aus.

Die architektonische Einheit der Reihe tritt aber erst dann in aller Deutlichkeit hervor, wenn man das ihr zugrunde liegende Erzählschema herausgearbeitet und auf den Begriff gebracht hat. Dazu bedarf es eines eingehenden Vergleichs aller Geschichten miteinander, was im Rahmen eines kurzen Essays natürlich nicht zu erbringen ist. Stattdessen gehe ich von einer knappen Zusammenfassung der frühesten der aufgelisteten Geschichten aus. Sie möge hinreichen, zumal wenn man sie neben den erzählten Verlauf von *Unverhofftes Wiedersehen* stellt, einen ersten Eindruck von dem morphologischen Schema, welches sich durch die ganze Reihe hindurch variabel realisiert, zu gewinnen. Es handelt sich um ein dreiteiliges Schema, dessen Erzählphasen ich (wenig originell) mit den Buchstaben A – B – C bezeichne.

*Kayser Napoleon und die Obstfrau in Brienne* (1809)[20]

**A.** Seine Jugend verbringt der spätere Kaiser Napoleon auf der Militärschule in Brienne, wo er oft von einer dort lebenden Obsthändlerin deren Waren kauft. Als die Zeit kommt, da er die Schule verlassen und seine militärische Laufbahn beginnen soll, ist Napoleon der Frau einige Taler schuldig. Da er aber gerade in dem Moment nicht zu zahlen vermag, *verspricht er der Frau: «Aber ihr sollt nicht vergessen seyn.»* Die Frau beschwert sich nicht, vielmehr wünscht sie ihm Erfolg und Glück.

20 *GW* III, 165–167.

**B.** Während der folgenden Jahre macht Napoleon eine *ebenso gefahrvolle wie erfolgreiche Karriere*, die erzähltechnisch durch eine *Liste von historischen Ereignissen* vermittelt wird. Diese Laufbahn führt ihn schließlich auf den Kaiserthron. Währenddessen versinkt sein Versprechen in Vergessenheit.

**C.** Als sich der Kaiser aber eines Tages wieder in Brienne befindet, *fällt ihm plötzlich sein jugendliches Versprechen ein*. Er kommt zur Obsthändlerin ins Haus und offenbart sich ihr. Mit «Freude und Schrecken» *erkennt sie ihn wieder* und erhält von ihm für das vor Jahren nicht bezahlte Obst «ein tausend und zweyhundert Franken, Kapital und Zinnß». Nicht nur das: Nach dem Willen des Kaisers soll ihr auch ein neues, den Namen des Kaisers tragendes Haus gebaut werden. Auch ihre Kinder sollen in Zukunft reichlich versorgt werden.

Man möge diese dreiteilige Erzählstruktur in Erinnerung behalten, während wir uns nun der Kalendergeschichte *Unverhofftes Wiedersehen* zuwenden. Denn es kommt bei der Freilegung eines Erzählschemas darauf an, dass man den die einzelnen Momente prägenden Handlungssinn akkurat erfasst, wobei man auf Kategorien hinzielen muss, die *allen* verglichenen Geschichten gemeinsam sind. Hier also Hebels berühmteste Kalendergeschichte:

*Unverhofftes Wiedersehen*

//In Falun in Schweden küßte vor guten fünfzig Jahren und mehr ein junger Bergmann seine junge hübsche Braut und sagte zu ihr: «Auf Sankt Luciä wird unsere Liebe von des Priesters Hand gesegnet. Dann sind wir Mann und Weib, und bauen uns ein eigenes Nestlein.» – «Und Friede und Liebe soll darin wohnen», sagte die schöne Braut mit holdem Lächeln, «denn du bist mein einziges und alles, und ohne dich möchte ich lieber im Grab sein, als an einem andern Ort.» Als sie aber vor St. Luciä der Pfarrer zum zweitenmal in der Kirche ausgerufen hatte: «*So nun jemand Hindernis wüßte anzuzeigen, warum diese Personen nicht möchten ehelich zusammenkommen.*» Da meldete sich der *Tod*. Denn als der Jüngling den anderen Morgen in seiner schwarzen Bergmannskleidung an ihrem Haus vorbei ging, der Bergmann hat sein Totenkleid immer an, da klopfte er zwar noch einmal an ihrem Fenster und sagte ihr guten Morgen, aber keinen guten Abend mehr. Er kam nimmer aus dem Bergwerk zurück, und sie saumte vergeblich selbigen Morgen ein schwarzes Halstuch mit rotem Rand für ihn zum Hochzeittag, sondern als er nimmer kam, legte sie es weg, und weinte um ihn und vergaß ihn nie. //Unterdessen wurde die Stadt Lissabon in Portugal durch ein Erdbeben zerstört, und der Siebenjährige Krieg ging vorüber, und Kaiser Franz der Erste starb, und der Jesuitenorden wurde aufgehoben und Polen geteilt, und die Kaiserin Maria Theresia starb, und der Struensee wurde hingerichtet, Amerika wurde frei, und die vereinigte französische und spanische Macht konnte Gibraltar nicht erobern. Die Türken schlossen den General Stein in der Veteranerhöhle in Ungarn ein, und der Kaiser Joseph starb auch. Der König Gustav von Schweden eroberte russisch Finnland, und die Französische Revolution und der lange Krieg fing an, und der Kaiser Leopold der Zweite ging auch ins Grab. Napoleon eroberte Preußen, und die Engländer bombardierten Kopenhagen, und die Ackerleute säeten und schnitten. Der Müller mahlte, und die Schmiede hämmerten, und die Bergleute gruben nach den Metalladern in ihrer unterirdischen Werkstatt. //Als aber die Bergleute in Falun im Jahr 1809 etwas vor oder nach Johannis zwischen zwei Schachten eine Öffnung durchgraben wollten, gute dreihundert Ellen tief unter dem Boden gruben sie aus dem Schutt und Vitriolwasser den Leichnam eines Jünglings heraus, der ganz mit Eisenvitriol durchdrungen, sonst aber unverwest und unverändert war; also daß man seine Gesichtszüge und sein Alter noch völlig erkennen konnte, als wenn er erst vor einer Stunde gestorben, oder ein wenig eingeschlafen wäre, an der Arbeit. Als man ihn aber zu Tag ausgefördert hatte, Vater und Mutter, Gefreundte und Bekannte waren schon lange tot, kein Mensch wollte den schlafenden Jüngling kennen oder etwas von seinem Unglück wissen, bis die ehemalige Verlobte des Bergmanns kam, der eines Tages auf die Schicht gegangen war und nimmer zurückkehrte. Grau und zusammengeschrumpft kam sie an einer Krücke an den Platz und erkannte ihren Bräutigam; und mehr mit freudigem Entzücken als mit Schmerz sank sie auf die geliebte Leiche nieder, und erst als sie sich von einer langen heftigen Bewegung des Gemüts erholt hatte, «es ist mein Verlobter», sagte sie endlich, «um den ich fünfzig Jahre lang getrauert hatte und den mich Gott noch einmal sehen läßt vor meinem Ende. Acht Tage vor der Hochzeit ist er unter die Erde gegangen und nimmer heraufgekommen.» Da wurden die Gemüter aller Umstehenden von Wehmut und Tränen ergriffen, als sie sahen die ehemalige Braut jetzt in der Gestalt des hingewelkten kraftlosen Alters und den Bräutigam noch in seiner jugendlichen Schöne, und wie in ihrer Brust nach 50 Jahren die Flamme der jugendlichen Liebe noch einmal erwachte; aber er öffnete den Mund nimmer zum Lächeln oder die Augen zum Wiedererkennen; und wie sie ihn endlich von den Bergleuten in ihr Stüblein tragen ließ, als die einzige, die ihm angehöre, und ein Recht an ihn habe, bis sein Grab gerüstet sei auf dem Kirchhof. Den anderen Tag, als das Grab gerüstet war auf dem Kirchhof und ihn die Bergleute holten, schloß sie ein Kästlein auf, legte sie ihm das schwarzseidene Halstuch mit roten Streifen um, und begleitete ihn alsdann in ihrem Sonntagsgewand, als wenn es ihr Hochzeittag und nicht der Tag seiner Beerdigung wäre. Denn als man ihn auf dem Kirchhof ins Grab legte, sagte sie: «Schlafe nun wohl, noch einen Tag oder zehen im kühlen Hochzeitbett, und laß dir die Zeit nicht lang werden. Ich habe nur noch wenig zu tun, und komme bald, und bald wird's wieder Tag. – Was die Erde einmal wiedergegeben hat, wird sie zum zweitenmal auch nicht behalten» sagte sie, als sie fortging, und noch einmal umschaute.[21]

Die Analyse des Erzählschemas soll mit dem Element B anheben, welches das Interim zwischen Anfang und Ende ausfüllt. Zwecks Übersichtlichkeit seien zunächst die Ereignisse, die in diesem Erzählabschnitt aufgelistet werden, herausgehoben und mit Jahreszahlen versehen:

Erdbeben von Lissabon (1755)
Der Siebenjährige Krieg (1756–1763)
Kaiser Franz der Erste von Österreich stirbt (1765)
Der Jesuiten-Orden wird aufgehoben (1773) und Polen geteilt (1772)
Kaiserin Maria Theresa stirbt (1780)
Der dänische Politiker Struensee wird hingerichtet (1772)
Amerikanische Unabhängigkeitserklärung (1776)
Belagerung von Gibraltar durch Frankreich und Spanien (1779–1783)
Baron von Stein und seine Truppen in der Veteraner Höhle (1788)
Kaiser Joseph II stirbt (1790)

21 Zitiert nach der allgemein zugänglichen Fassung des *Schatzkästleins* (1811), hier in der Ausgabe: Johann Peter Hebel, *Schatzkästlein des Rheinischen Hausfreundes. Ein Werk in seiner Zeit*, mit Bilddokumenten, Quellen, historischem Kommentar und Interpretation herausgegeben von Hannelore Schlaffer, Tübingen 1980, S. 232–234. Die von mir hinzugefügten Schrägstriche (//) markieren den Beginn der drei Erzählphasen (A, B, C).

König Gustav III von Schweben erobert Finland (1788–1790)
Französische Revolution und darauffolgender Krieg (1789)
Kaiser Leopold II stirbt (1792)
Napoleon erobert Preußen (1806)
Bombardierung von Kopenhagen durch die Engländer (1807)

> und die Ackerleute säeten und schnitten. Der Müller mahlte, und die Schmiede hämmerten, und die Bergleute gruben nach den Metalladern in ihrer unterirdischen Werkstatt.
>
> //Als aber die Bergleute in Falun im Jahr 1809 (…)

Mit dieser Ereignisreihe im Blick können wir direkt zu dem berühmten Kommentar übergehen, den Walter Benjamin in seinem Essay über den *Erzähler* liefert. Bevor er die infrage stehende Stelle ausführlich zitiert, stellt Benjamin eine tiefgreifende, die Autorität des traditionellen Erzählers betreffende These auf: «Der Tod ist die Sanktion von allem, was der Erzähler berichten kann. Vom Tode hat er seine Autorität geliehen. Mit anderen Worten: es ist die Naturgeschichte, auf welche seine Geschichten verweisen.»[22] Nach Anführung des Katalogs von den die Zwischenzeit ausfüllenden historischen Ereignissen, spitzt er die These von der Naturgeschichtlichkeit folgendermaßen zu: «Tiefer hat nie ein Erzähler seinen Bericht in die Naturgeschichte gebettet als Hebel es in dieser Chronologie vollzieht. Man lese sie nur genau: Der Tod tritt in ihr in so regelmäßigem Turnus auf wie der Sensenmann in den Prozessionen, die um Mittag um die Münsteruhr ihren Umzug halten.»[23] Benjamins Begriff der Naturgeschichte ist komplex, aber was seine Ausführungen zur Mittelphase der Erzählung anbetrifft, ist es wohl hinreichend zu sagen, dass er den umfassenden Sinn des Abschnitts als Demonstration der

22 Walter Benjamin, *Gesammelte Schriften* II.2, hrsg. von Rolf Tiedemann und Hermann Schweppenhäuser, Frankfurt a. M. 1991, S. 450.
23 Ebd. S. 451.

Todesverfallenheit des menschlichen Seins auffasst. Dass die im Erzählinterim aufgelisteten Ereignisse mehrere Todesfälle einschließen, ist evident, aber ich bin der Auffassung, dass eine adäquate Interpretation die Akzente anders setzen muss. Zum Beispiel spielen hier auch Kriege und politische Umwälzungen, die freilich oft Todesfälle mit sich bringen, eine wichtige Rolle. Auffallend ist auch die Kontingenz der Ereignisse und damit einhergehend deren Diskontinuität. Tod, Krieg, Machtwechsel und allen voran das Erdbeben bilden eine Serie, die keinen durchhaltenden Handlungssinn aufweist. Im Gegenteil, es folgen Ereignisse aufeinander, die sinnvolles Handeln *durchkreuzen*. In einer um 1807 verfassten Predigt, deren Titel lautet: *Der Ackerbau, eine vorzügliche Schule der Religiosität*, verwendet Hebel dieses Verbum, um die Rolle von Willkür und Macht der Umstände im menschlichen Leben zu markieren. Das Durchkreuzende kann selbstredend als plötzlicher Tod in Erscheinung treten, aber der Begriff ist nicht auf die Mortalität beschränkt. Er umfasst vielmehr alle Wellenschläge von Kontingenz, denen menschliches Leben ausgesetzt ist.[24] Diese korrigierende Erweiterung von Benjamins These vom naturgeschichtlichen Charakter der erzählten Mittelphase hat ei-

24 «Ebenso wenig läßt es auf der anderen Seite sich läugnen, daß oft genug auch das Wünschen, Streben und Hoffen des Landmanns von menschlicher Willkür und Uebermacht durchkreuzt wird. Auch er ist Mensch wie alle, und Bürger wie alle, und allen Gesetzen und Bedingungen unterworfen, von denen alle geleitet werden. Das brennende Haus des Nachbarn ergreift auch das seinige; – der Dieb findet auch zu seiner Thiere den Eingang; – Hader und Zwietracht, Friede und Liebe wohnt auch unter den Dächern der Dörfer; – und der Krieg zerstört seine blühenden Saaten, die Frucht seiner Arbeit, wie er die Werkstätte des fleißigen Handwerkers zertrümmert, die Magazine des Kaufmanns plündert, und die Paläste der Fürsten verödet. O, er wäre glücklicher, als die Erde beglücken kann, wenn er über alle Berührungen mit menschlicher Willkühr, über allen Zwang der Umstände erhaben nur mit seinem Gott in unmittelbarer Verbindung stände.» Hebel, *GW*, IV, 252 f.

nen doppelten Vorteil. Zum einen lässt sich vom Begriff des kontingent Durchkreuzenden her verstehen, warum in *Unverhofftes Wiedersehen* die diskontinuierliche Serie der Ereignisse in der öffentlich-politischen Welt mit der kontinuierlichen, sich Jahr für Jahr vollziehenden Arbeit der Ackerleute und Bergmänner in Verbindung gebracht wird. Denn das Geschäft des Landmanns wird, wie die zitierte Predigt Hebels ebenfalls hervorhebt, unaufhörlich von kontingenten Unglücksfällen durchkreuzt. Und das Gleiche gilt selbstverständlich für das Geschäft des Bergmanns, der immer mit der Möglichkeit eines Einsturzes im Stollen rechnen muss. Es ist der plötzliche Tod des jungen Bergmanns, der die Sinnintention zu heiraten durchkreuzt und den Übergang in die Mittelphase der Geschichte bewirkt. In der Gefährdung durch Durchkreuzungsphänomene sind weltgeschichtliche und dörfliche Sphäre gleich, in dieser allein jedoch gestaltet sich das Leben im Einklang mit dem Kreislauf der Natur und im akuten Bewusstsein der Todesnähe. Der Bergmann trägt ja bei der Arbeit «immer sein Totenkleid». Der Begriff des Durchkreuzenden hat den weiteren Vorteil, dass er zu sämtlichen Geschichten dieses Erzähltypus passt. Denn nicht immer ist es der Tod, der die mittlere Erzählphase prägt. In *Merkwürdige Schicksale eines jungen Engländers* herrscht die wirre Kontingenz des Londoner Stadtlebens vor, in *Die gute Mutter* sowie in *Lange Kriegsfuhr* das Wechselhafte des Kriegsgeschehens, in *Franziska* die Armut und Wanderschaft, der die Protagonistin ausgesetzt ist. Natürlich kommt auch in diesen Geschichten der Tod vor, aber oft als beiläufig erwähntes Ereignis (man denke an die Napoleon-Geschichte). Ebenfalls möglich ist eine komische Dämpfung des Todesthemas. So wird der unschuldige Protagonist des grotesk-komischen Narrativs vom jungen Engländer aufgrund einer Kette von bizarren Zufällen am Galgen aufgeknüpft, aber knapp bevor er stirbt, von seiner zufällig vorbeispazierenden Schwester und ihrem Ehemann heruntergeholt und gerettet. Auch in der

Geschichte *Lange Kriegsfuhr*, die während des Dreißigjährigen Kriegs spielt, geht es bei allen martialischen Turbulenzen eher lustig zu.

Wenn man nun von den Einzelheiten dieser mittleren Erzählphase absieht und die Aufmerksamkeit auf deren Funktion in dem von Hebel erfundenen narrativen Dreischritt lenkt, dann tritt ein überraschendes Faktum hervor. Am Schluss von allen sechs Geschichten erweist sich die Macht des Durchkreuzenden, die als Erdbeben, Krieg, Lynchjustiz und Tod in Erscheinung tritt, als nichtig. Der Logik der Erzählstruktur nach handelt es sich um eine temporäre Unterbrechung. Die in diesem Erzähltypus formulierten Intentionen werden durch das sie Durchkreuzende nicht zunichtegemacht, sondern deren Verwirklichung wird nur aufgeschoben, und zwar durchgehend mit dem Resultat, dass die hinausgezögerte Erfüllung der Sinnintention eine überbordende Glücksfülle mit sich bringt. Der Grund dafür zeigt sich, wenn man die Funktion der anderen beiden Strukturmomente etwas genauer erfasst.

Schauen wir also jetzt auf die Erzählphase A, das erste Strukturmoment des dreigliedrigen Schemas. Dessen Handlungssinn ergibt sich aus dem *Vollzug eines Sprechakts*. Je nach Stoff und Situation der Geschichte gestaltet sich dieser Sprechakt anders, aber der narrative Handlungssinn bleibt in allen Varianten konstant. Durchgehend handelt es sich um einen verbindlichen Vorgriff auf eine positiv besetzte, künftige Situation, genauer gesagt: um das *Versprechen*, dass die anvisierte Situation eintreffen wird. Hier die entscheidenden Formulierungen in den zum Erzähltypus gehörenden Geschichten:

> *Kayser Napoleon und die Obstfrau in Brienne*: «Fräulein, sagte er, jetzt muß ich fort, und kann euch nicht bezahlen. Aber ihr sollt nicht vergessen seyn.»

> *Merkwürdige Schicksale eines jungen Engländers*: Der Condukteur zum jungen Engländer: «Junger Herr, kommt ihr mit mir! Ich bin zwar auch

nicht hier daheim, aber ich habe, wenn ich nach London komme, bey einer Verwandten ein Stüblein, wo zwey Better stehen. Meine Base wird Euch schon beherbergen, und morgen könnt ihr euch alsdann nach eures Schwagers Haus erkundigen, wo ihrs besser finden werdet.»

*Lange Kriegsfuhr*: Der Meister sagte: Komm bald wieder heim *Jobbi*! Der Jobbi dachte: An mir solls nicht fehlen.

*Die gute Mutter*: «Er [ihr Sohn, der bei der Armee ist und von dem sie lange nichts gehört hat] muß bey der Rheinarmee seyn», sagte sie, «und der liebe Gott, der ihn mir gegeben hat, wird mich zu ihm führen», [...].

*Franziska*: Da betete und schluchzte und küßte das arme Kind die sterbende Mutter, und die Mutter sagte: «Gott segne dich, und sey» – und nahm die letzte Hälfte ihres Muttersegens «und sey dein Vergelter!» mit sich in die Ewigkeit.

*Unverhofftes Wiedersehen*: In Falun in Schweden küßte vor guten fünfzig Jahren und mehr ein junger Bergmann seine junge hübsche Braut und sagte zu ihr: «Auf Sankt Luciä wird unsere Liebe von des Priesters Hand gesegnet. Dann sind wir Mann und Weib, und bauen uns ein eigenes Nestlein.» – «Und Friede und Liebe soll darin wohnen», sagte die schöne Braut mit holdem Lächeln, «denn du bist mein einziges und alles, und ohne dich möchte ich lieber im Grab sein, als an einem andern Ort.»

In der Geschichte von Napoleon und der Obsthändlerin ist der Sinn des Sprechakts transparent. Napoleons Wort, er werde die Frau nicht vergessen, ist ja dahingehend zu verstehen, dass er sich verpflichtet, zu einem künftigen Zeitpunkt für das von ihr erhaltene Obst zu zahlen. Miteinbegriffen in seinem Versprechen ist aber die Implikation, dass seine Verpflichtung über den ökonomischen Bereich hinausgreift. Nicht bloß die zu begleichende Rechnung soll unvergessen bleiben, sondern auch und vornehmlich die ihm im Laufe seiner Studienzeit erzeigte Großzügigkeit der Frau selbst. Der Güte ihres Wesens – das liegt in Napoleons Versprechen, *sie* nicht zu vergessen – soll entsprochen werden. Auch in der Geschichte *Lange Kriegsfuhr* ist die menschliche Verbindung – hier die gegenseitige Loyalität von Herrn und Knecht – zentral. Der historische Spielplatz ist der Dreißigjährige Krieg. Durch ein badisches Dorf durchziehende schwedische Truppen beschlagnahmen einen Wagen mit vier Pferden, der dem dort ansässigen Wirt gehört, und nehmen auch dessen Knecht Jobbi mit. Wie in den anderen vier Geschichten gibt Hebel den genauen Wortlaut des Versprechens wieder, um durch die dramatische Präsenz gesprochener Rede die strukturale Bedeutung des Handlungsmoments zu unterstreichen. Auf den Ruf des Wirts: «Komm bald wieder heim *Jobbi*!» kann dieser jedoch nicht antworten, denn schon hat ihn der Strom der kontingenten Ereignisse weggeschwemmt. Nur in Gedanken wird der Akt des Versprechens vollzogen. Im Laufe der Geschichte wird das innerlich vollzogene Versprechen jedoch seine Verbindlichkeit dadurch erweisen, dass es Jobbi durch die mehrjährigen Kriegswirrnisse leitet und schließlich zum Wirtshaus zurückführt.

In den beiden später veröffentlichten Geschichten *Die gute Mutter* und *Franziska* handelt es sich immer noch um ein Versprechen, aber der Charakter desselben ist komplexer, denn letztlich stammt das Versprechen von Gott. Es ist das Versprechen, das man durch den christlichen Glauben empfängt. Die gute Mutter, deren Sohn vor Jahren ins Kriegsgeschehen gezogen wurde (es handelt sich dieses Mal um die Napoleonischen Kriege), macht sich auf den Weg, ihn zu finden. Das tut sie, ohne zu wissen, wo er ist, nichtsdestoweniger aber in dem unerschütterlichen Vertrauen, dass ihr die Suche gelingen wird: «[…] der liebe Gott, der ihn mir gegeben hat, wird mich zu ihm führen». Es handelt sich hier also nicht um ein Versprechen von Mensch zu Mensch, sondern gleichsam um ein Urversprechen und Urvertrauen, welches die Grundlage ihres auf ein Künftiges bezogenen Glaubens ausmacht. Die gute Mutter geht ihren Weg in der gleichen Zuversicht wie der Sprecher des 23. Psalms: «Er führet mich auf rechter Straße um seines Namens willen. Und ob ich schon wanderte im finsteren Tal, fürchte ich kein Unglück; […].» Ähnlich verhält es sich mit der Versicherung, welche in der Geschichte *Franziska* die Mutter im Augenblick ihres Sterbens ausspricht. Ihr Sprechakt hat im Versprechen Gottes seine Gewähr. Zu dessen Wesen gehört es dem Glauben der Mutter nach, dass er die vielen Opfer, die Franziska während der Pflege ihrer kranken, wunderlich gewordenen Mutter brachte, vergelten werde. Wie die Obsthändlerin in der Napoleon-Geschichte hat Franziska aus der Güte ihres Herzens gehandelt, daher müsse sie nach dem festen Glauben der Mutter auch reichlich bezahlt werden. Auf erschütternde Weise lässt Hebel hier die durchkreuzende Macht zum Zuge kommen – der Tod unterbricht ja den Vollzug des Sprechakts –, um gleich danach die Unversehrtheit des göttlich-mütterlichen Versprechens zu unterstreichen. Ähnlich, wenngleich mit komischer Akzentuierung verfährt Hebel in *Lange Kriegsfuhr*.

Was *Unverhofftes Wiedersehen* anbetrifft, hat die Hebelforschung die erste Erzählphase nur unpräzise beschrieben. Die Geschichte, hat man festgestellt, beginne kurz vor der Hochzeit des jungen Paars. Die Formulierung gibt zwar die faktische Situation wieder, erfasst aber nicht den Handlungssinn, der dem narrativen Moment seine Funktion im Strukturgefüge der Erzählung verleiht. Vor dem Hintergrund der strukturverwandten Geschichten tritt dieser Handlungssinn jedoch in aller Deutlichkeit hervor. Auch in *Unverhofftes Wiedersehen* handelt es sich um ein doppelschichtiges, menschlich-göttliches Versprechen. Einerseits impliziert die Verlobung der beiden jungen Menschen das Versprechen gegenseitiger Liebe, Treue und Solidarität in der Not, andererseits geht die versprochene Liebe in eine höhere Sphäre über. Denn die Segnung durch «des Priesters Hand» bringt das Liebesversprechen des jungen Paars in Einklang mit der durch Christi Tod und Auferstehung gewährleisteten Verheißung ewigen Lebens. Ohne Berücksichtigung dieser Sinnimplikation ist der Schluss der Erzählung nicht zu verstehen. Daher lässt sie Hebel in den Worten der Braut durchschimmern. Denn deren Bezeichnung des anvisierten künftigen Lebens als eines in «Frieden und Liebe» greift über das häusliche Glück hinaus auf das verheißene Leben nach dem Tod. Damit ist die zentrale Funktion dieses Erzählmoments im umfassenden Handlungsgang der Geschichte benannt. Im folgenden Abschnitt wird noch mehr dazu zu sagen sein. Hier ging es nur darum, den Handlungssinn des ersten Erzählmoments von *Unverhofftes Wiedersehen* so zu formulieren, dass seine Zugehörigkeit zum Erzählschema deutlich wird.

Hat man den Sinn der Erzählmomente A und B erfasst, dann ist der Sinn des den Geschichtstypus abschließenden dritten Moments klar. Es handelt sich um die trotz aller Durchkreuzung doch eintreffende Erfüllung des Versprechens: Napoleon zahlt der Obsthändlerin; in Philadelphia findet der junge Engländer den befreundeten Condukteur wieder; Jobbi kehrt zum Wirtshaus zurück; die gute Mutter wird mit ihrem Sohn wiedervereinigt; die einst arme, verlassene Franziska kehrt als reiche, verheiratete Frau in ihre Heimat zurück. In allen Fällen handelt es sich bei der Erfüllung auch um ein Wiedersehen nach langer Zeit, eben ein unverhofftes Wiedersehen. Daran ist zu erkennen, dass das von Hebel verwendete Adjektiv «unverhofft» über die übliche Bedeutung («unerwartet») hinausgeht. Es lässt anklingen, dass die Erfüllung jenseits jeglicher Wahrscheinlichkeit stattfindet. Daher wird in allen sechs Geschichten die sich ereignende Erfüllung dergestalt semantisch aufgeladen, dass sie einem Wunder gleichkommt. In der Napoleon-Geschichte, aber auch in *Lange Kriegsfuhr*, wird das Wunderbare durch die überschüssige Geldfülle konnotiert, die das Wiedersehen mit sich bringt; in *Die gute Mutter* und in *Franziska* konnotiert die Erscheinung einer «weiß» oder gar «himmelblau» gekleideten jungen Frau die Epiphanie eines Engels. Selbst in der grotesk-komischen und daher überaus im Weltlichen verankerten Geschichte vom jungen Engländer wird angedeutet, das Wiedersehen in Philadelphia (also in der Stadt der Menschenliebe) sei von Gott arrangiert.

Schließlich kann es auch vorkommen, dass aus der Erfüllung des Versprechens eine Institution entsteht, welche die Funktion hat, die Erinnerung an den Offenbarungsmoment wachzuhalten. Ein sprechendes Beispiel hierfür ist das von Napoleon im eigenen Namen gestiftete Haus.

Im Anschluss an das Formkonzept von Jolles ist abschließend zu fragen, welche *Geistesbeschäftigung* der hier analysierte Erzähltypus auslöst. Von besonderer Relevanz ist die Tatsache, dass in allen sechs Geschichten die Erfüllungsszenen sich zu epiphanischen Bildern verdichten. Auch die den Erzählungen beigefügten Illustrationen sowie geschichtsintern die Anwesenheit von Zeugen des epiphanischen Moments sind in diesem Zusammenhang zu sehen. Es geht offenbar darum, den Erzählungen ein Modell der geeigneten Rezeptionshaltung beizufügen. Meines Erachtens ist die mit solchen Mitteln angedeutete Geistesbeschäftigung als eine rührend-teilnehmende Besinnung zu begreifen. Nach Hebels Auffassung handelt es sich dabei um eine anthropologische Erfahrungsmöglichkeit von eminenter Bedeutung. Mit Blick auf den Wirt, der unbedingt der Wiedervereinigung der guten Mutter mit ihrem Sohn und seiner Familie beiwohnen wollte, sagt nämlich der Hausfreund: «Es ist die schönste Eigenschaft weit aus im menschlichen Herzen, daß es so gerne zusieht, wenn Freunde oder Angehörige unverhoft wieder zusammenkommen, und daß es allemal dazu lächeln, oder vor Rührung mit ihnen weinen muß, nicht ob es will.»[25]

Dass es sich hier nicht bloß um jene sentimentale Rührung handelt, die Rousseau in seinem öffentlichen Brief an d'Alembert über das Theater persiflierte, deutet Hebel dadurch an, dass er diese spontane Teilnahme an Szenen des Wiedersehens als die *schönste* Kapazität des menschlichen Gemüts bezeichnet. Diese Behauptung hat ihre Begründung darin, dass sich die Geistes-

25 Hebel, *GW* III, 340.

beschäftigung rührend-teilnehmender Besinnung im Hinblick auf einen spezifischen thematischen Gehalt entfaltet. Dieser Gehalt ist der durchgehaltene Handlungssinn, der die Erzählmomente Versprechen, Durchkreuzung und Erfüllung/Wiedersehen zur Einheit fügt. Anders formuliert: Es ist der Gehalt, der an der Bewegung durch die drei Erzählmomente zum Vorschein kommt. Die «schönste Eigenschaft» des menschlichen Herzens ist die geteilte Freude (Rührung) an dem durch den Erzählvollzug enthüllten menschlichen Lebenssinn. Hier komme ich auf die eingangs erwähnte These Wilhelm Schaaps zurück, der zufolge menschliches Leben ein Leben in Geschichten ist. Worin besteht der in diesem Erzähltypus gestaltete Lebenssinn? Das zeigt folgende auf den Verlauf der Geschichte von Franziska bezogene Äußerung des Hausfreundes:

> Der Hausfreund will aufrichtig gestehen, was ihn selber an dieser Geschichte am meisten rührt. Am meisten rührt ihn, daß der liebe Gott dabei war, als die sterbende Mutter ihre Tochter segnete, und daß er eine vornehme Kaufmannsfrau in Rotterdamm in Holland und einen braven reichen Engländer am welschen Meer bestellt hat, den Segen einer armen sterbenden Witwe an ihrem frommen Kinde gültig zu machen.
>
> Weg hat er alle Wege
> an Mittel fehlt's ihm nicht.[26]

Nicht Hebels Geschichten insgesamt, aber der hier behandelte Erzähltypus bewegt sich durch die Momente Versprechen, Durchkreuzung und Erfüllung/Wiedersehen, weil sich an dieser Bewegung das Wirken des Guten beziehungsweise das Wirken Gottes erweist. Mit dieser Erkenntnis können wir nun eine vollständige Darstellung des Erzähltyps *Geschichte des Wiedersehens* aufstellen, dem die hier referierten Kalendergeschichten zuzurechnen sind:

26 Hebel, *GW* III, 397 f.

Die Einfache Form
*GESCHICHTE des WIEDERSEHENS*

Ereigniseinheiten:
A. Versprechen B. Durchkreuzung. C. Erfüllung/Wiedersehen
→--------→--------------→---------------→
Durchgehaltener Handlungssinn:
«Erfüllung des aus reinem Herzen Versprochenen»

Geistesbeschäftigung:
Gerührte teilnehmende Besinnung

## III.

In diesem Abschnitt gilt es, die durchdringende Formarbeit zu beleuchten, welche das einmalige Kunstwerk *Unverhofftes Wiedersehen* vom im vorigen Abschnitt rekonstruierten Typus unterscheidet. Zwar ist die Hand des geschickten Erzählers, der die salienten Momente seiner Geschichte prägnant darzustellen versteht, an allen Exemplaren des Erzähltypus zu beobachten, aber nur in *Unverhofftes Wiedersehen* bildet sich ein Geflecht innerer Bezüge heraus, deren Erfassung dem Leser eine über den Nachvollzug des narrativen Inhalts hinausgehende Interpretationsleistung abverlangt. Dementsprechend lautet die hier vertretene These: *Unverhofftes Wiedersehen* verhält sich zu den anderen Texten der Gruppe als eine *potenzierte*, das heißt: *auf eine höhere Reflexionsstufe gehobene* Darstellung.

Die Konsequenzen der Potenzierung kann man an der Zeitgestaltung beobachten. In den anderen zum Erzähltypus gehörenden Geschichten ist die Zeitdarstellung transparent. Erzählte Zeit und Leseprozess entfalten sich isomorph; wer liest oder zuhört, ist, auch wenn es sich inhaltlich um mehrere Jahre umfassende Zeitstrecken handelt, immer dabei. Selbstverständlich herrscht auch in *Unverhofftes Wiedersehen* dramatische Gegenwart vor, aber parallel dazu werden unterschiedliche Zeitrahmen aufgerufen, deren Koordinierung nur dann möglich ist, wenn sich der Leser nicht mehr vom Fluss der Sätze tragen lässt und stattdessen die Konstitution von Zeit in der dargestellten Welt zum Thema macht. Ein Anstoß zu solcher Reflexion geht beispielsweise von der Satzbildung am Ende des mittleren Teils aus:

> Napoleon eroberte Preußen und die Engländer bombardierten Kopenhagen, und die Ackerleute säeten und schnitten. Der Müller mahlte, und die Schmiede hämmerten, und die Bergleute gruben nach den Metalladern in ihrer unterirdischen Werkstatt. //Als aber die Bergleute in Falun im Jahr 1809 [...]

Man muss hier die kühne Überbrückung, welche die zweite Verwendung der Konjunktion *und* leistet, auskosten. Zwei unterschiedliche Verwendungen des Imperfekts, eine, die punktuelle Ereignisse markiert, und eine andere, die sich wiederholende, kontinuierliche Tätigkeiten zum Gegenstand hat, werden syntaktisch zusammengeschweißt. Diese zeitsemantische Dissonanz lässt dann den Unterschied zweier Zeitwelten hervortreten: einerseits die durch Staatsaktionen und bedeutende Todesfälle interpunktierte welthistorische Zeit, andererseits die durch den natürlichen Kreislauf bestimmte, sich wiederholende Zeit der Arbeit. In der zweiten, naturnahen Sphäre öffnet sich dann eine weitere Differenzierung zwischen der oberirdischen Arbeit auf den Feldern, gleichsam dem Dienst am Lebendigen, und der unterirdischen Arbeit in den Stollen, dem Dienst am Toten. Dem zur Herausstellung der relevanten semantischen Bezüge verwendeten Kunstgriff chiastischer Anordnung werden wir an einer anderen Textstelle begegnen.

Die angesprochenen irdischen Zeitformen sind allerdings nicht die einzigen, welche die Welt von Hebels Erzählung organisieren. Hinzu kommen die die beiden Wendepunkte der Erzählung markierenden christlichen Feiertage St. Luciä und

Johannis, die mit der winterlichen respektive der sommerlichen Sonnenwende zusammenfallen. Durch diese Datenangaben wird das erzählte Geschehen in eine kosmische Zeitordnung verortet. Der unterirdische Unfalltod des jungen Bergmanns entspricht der maximalen Entfernung von der himmlischen Lichtquelle, die Bergung von dessen Leichnam der maximal erreichbaren Nähe dazu. Die Vorgänge in Falun ereignen sich gemäß dem kosmischen Zyklus, wiederholen dessen entscheidende Wendungen. Die kosmischen Wendepunkte müssen allerdings auch in einem heilsgeschichtlichen Sinnzusammenhang gesehen werden. In Schweden wird Luciä seit Mitte des 18. Jahrhunderts als Lichtbringerin gefeiert, in Erinnerung daran, dass sie – mit brennenden Kerzen gleichsam gekrönt – in die Dunkelheit der Katakomben hinabgestiegen ist, um den dorthin geflüchteten Christen Labung zu bringen. Insofern ist sie der jungen Braut vergleichbar, die auch nach dem Tod ihres im Stollen gestorbenen Verlobten an ihrer Liebe zu ihm festhält. Dementsprechend erinnert das auch nach fünfzig Jahren noch jugendliche Aussehen des aus dem Stollen geborgenen Leichnams an jene Variante der Johannis-Legende, der zufolge der in einen Kessel brennenden Öls versenkte Heilige daraus unversehrt hervorging. Das Wunder verbildlicht die Rolle des Johannis als Verkünder der Auferstehung Christi. Im Folgenden wird zu zeigen sein, dass genau dieses Thema – die Verheißung der Auferstehung – der springende Punkt der in *Unverhofftes Wiedersehen* erzählten Geschichte bildet.

Die an Syntax und Allusion aufgezeigte Ausfächerung der Zeitsemantik zu einem mehrstufigen Bezugsgeflecht illustriert die gegenüber den anderen zur Erzähltradition gehörenden Kalendergeschichten potenzierte Darstellungsform von *Unverhofftes Wiedersehen*. Seit den Romantikern heißt Potenzierung Erhebung auf eine höhere Reflexionsstufe. Der Leser wird nicht mehr vom Zeitfluss des Erzählens getragen, sondern muss nachdenkend die unterschiedlichen Zeitschichten rekonstruieren und aufeinander beziehen. Aus diesem Grunde bietet das Beispiel eine Gelegenheit, die eingangs in Anlehnung an Wilhelm Schaap formulierte These zu präzisieren. Gerade weil sie eine in sich reflektierte Darstellungsform konstituiert, ist die Erzählung *Unverhofftes Wiedersehen* geeignet, eine Artikulation *umfassenden* Lebenssinns zu bieten. Die im vorausgehenden Abschnitt durchgeführte Analyse des Erzähltypus *Geschichte des Wiedersehens* hat gezeigt, dass dessen zugrunde liegendes Handlungsschema einen Bogen zwischen den Strukturmomenten *Versprechen* und *Erfüllung* schlägt. In der zum in sich reflektierten Bezugsgeflecht gesteigerten Darstellung, als welche *Unverhofftes Wiedersehen* zu betrachten ist, wird dieses Schema *nicht mehr bloß vorausgesetzt*. Es geht vielmehr in das Geflecht der Verweise ein und wird damit selbst zu einem *Interpretandum*. Auf eine Formel gebracht, lautet der in *Unverhofftes Wiedersehen* vollbrachte Sinnentwurf: Menschliches Leben sei ein Leben in der Verheißung. Es wird sich aber zeigen, dass diese Formel keineswegs den Status einer bündigen Auskunft hat. Im Gegenteil, in *Unverhofftes Wiedersehen* findet der umfassende Lebenssinn seine Gestalt als Frage.

Um diesen Punkt etwas schärfer zu konturieren, lohnt sich ein nochmaliger Blick auf das schon erläuterte erste Handlungsmoment des Versprechens. Ich greife den von der Braut geäusserten Teil des Versprechens heraus, unterstreiche aber jetzt die abschließende Phase ihrer Rede:

> ‹Und Friede und Liebe soll darin wohnen,› sagte die schöne Braut mit holdem Lächeln, ‹denn du bist mein Einziges und Alles, und ohne dich möchte ich lieber im Grab sein, als an einem anderen Ort.›

Zum Vorgriff auf das versprochene gemeinsame Leben in «Friede[n] und Liebe» gehört auch der kontrastierende und daher auch bedrohliche Gedanke «ohne dich lieber im Grabe sein». Wie ist diese Gedankenverbindung zu verstehen? Gewiss nicht psychologisch-expressiv, das heißt: nicht als drastischer Ausdruck des Seelenzustandes einer von der Liebe ergriffenen jungen Braut. In keiner Kalendergeschichte, und erst recht nicht in dieser, werden die Fluktuationen des individuellen Gefühlslebens erkundet. Vielmehr geht es hier um die Zweiseitigkeit des Heiratsversprechens im Horizont des vom Priester erteilten Segens. Der Ausdruck «lieber im Grab» markiert die Kehrseite des verheißenen Lebens «in Friede[n] und Liebe». Es kündigt sich die Verzweiflung an, die auch an der Schwelle zur Hochzeit sich der Seele bemächtigen kann. Denn eine weltliche Garantie gibt es nicht und kann es nicht geben, dass das Verheißene eintreten wird. Die ständige Todesgefahr, der der Bräutigam in seiner Arbeit im Stollen ausgesetzt ist, ist für die junge Braut der Stachel dieser Verzweiflung, die so tief in ihr Herz eindringt, dass für sie vorstellbar wird, auch das Leben «an einem anderen Ort» abzulehnen. Der reflektierende Leser, der sich die Frage stellt, was mit diesem Ausdruck gemeint sei, und gleichzeitig dessen Isolierung durch Wortordnung und einschneidende Kommasetzung bemerkt, wird erkennen müssen, dass es sich hier um den denkbar radikalsten Ausdruck der Verzweiflung handelt, nämlich die Zurückweisung jeglicher Hoffnung, auch und gerade die Hoffnung auf ein anderes Leben. Sobald das Versprechen nicht mehr (wie in den anderen zum Typus gehörenden Erzählungen) fraglos vorausgesetzt wird, kommt dessen Schattenseite zum Vorschein. Zum Leben in der Verheißung gehört eben auch – und zwar notwendig – die Möglichkeit der Verzweiflung sowie der durch die Formel «lieber im Grab» angezeigten radikalen Ablehnung. Die Souveränität des Dichters Hebel zeigt sich daran, dass er den Ausdruck dieser dem Lebenssinn immanenten Dissonanz einer «hold lächelnden» Braut in den Mund legt.

Betrachten wir nun die Art, wie Hebel die durchkreuzende Macht des Todes in seine Geschichte einbringt:

> Als sie aber vor St. Luciä der Pfarrer zum zweitenmal in der Kirche ausgerufen hatte: ‹*So nun jemand Hindernis wüßte anzuzeigen, warum*

> *diese Personen nicht möchten ehelich zusammenkommen›* – da meldete sich der *Tod.* Denn als der Jüngling den andern Morgen in seiner schwarzen Bergmannskleidung an ihrem Haus vorbeiging, der Bergmann hat sein Totenkleid immer an, da klopfte er zwar noch einmal an ihrem Fenster, und sagte ihr guten Morgen, aber keinen guten Abend mehr.[27]

Selbstverständlich soll man sich hier keine Szene vorstellen, in der der personifizierte Tod – etwa ein Skelett, eine Totentanzfigur – mitten im Gottesdienst aufstünde und seinen Einwand gegen die Vermählung vorbrächte. Aber auch eine Deutung der Todeserscheinung als bloße Redefigur – etwa als Metapher dafür, dass kurz vor der bevorstehenden Hochzeit der junge Bergmann im Stollen vom Tod ereilt werden würde – kann unmöglich befriedigen. Hermeneutisch festzuhalten ist vielmehr, dass der Tod als *Unterbrechung der realistischen Darstellungsprämissen* in die Geschichte einbricht und in diesem nunmehr aufgerissenen Raum seinen Widerspruch erhebt. Der Tod spricht nicht und spricht doch. Er ist das unaussprechliche Gegenwort sowohl zum Versprechen des verlobten Paars als auch zur Verheißung der Auferstehung. Er ist das Durchkreuzende schlechthin und wird hier auch so in Szene gesetzt. Die innere Konsequenz von Hebels Kunst zeigt sich dann an dem anschließenden Satz, der vom Tod des Bergmanns berichtet. Es wird nicht gesagt, dass er bei einem Unfall gestorben sei. Bloß die Durchkreuzung des sinnvollen Tagesverlaufs wird vermerkt: Auf das «guten Morgen» folgt kein «guten Abend» mehr; zerrissen ist der Faden der Tageseinheit. Schließlich ist die harte Fügung der beiden hier zitierten Partien hervorzuheben: Die Darstellung des ersten Handlungsmoments exponiert die Anfechtbarkeit der Verheißung als Form der Sinn-

27 Ich habe hier die modernisierte Interpunktion (*zusammenkommen.*» – Da) durch Hebels ursprünglich verwendete Interpunktion (*zusammenkommen*» – da) ersetzt, um die Geste des Unterbrechens, welche die Stelle verkörpert, zu bewahren.

gebung. Auf den Hinweis auf eine mögliche Sinnkrise folgt unmittelbar das den Lebenssinn durchkreuzende Gegenwort des Todes.

Wie gestaltet sich nun in Hebels Meistererzählung das dritte Handlungsmoment des Schemas: die Erfüllung des doch nur temporär durchkreuzten Versprechens? Schon die Tatsache, dass die Erfüllungsformel – unverhofftes Wiedersehen – hier als Titel der Erzählung fungiert, lässt mutmaßen, dass in diesem Text das glückliche Ende nicht bloß eintreffen, sondern auch reflektiert werden soll. Nicht *dass* es trotz des frühen Todes des Bräutigams gut ausgeht, sondern *wie der gute Ausgang und damit der Lebenssinn zu denken sei*, ist Gegenstand von Hebels Meistererzählung. Die erste Teilhandlung des Erzählabschlusses lässt sich als *Evidenzerfahrung* erfassen. Sie entfaltet sich über zwei Phasen, die Hebel durch den zweimaligen Gebrauch des Verbums *sehen* aufeinander bezieht. Zunächst handelt es sich um einen visuellen Akt der Frau:

> erst als sie sich von einer langen heftigen Bewegung des Gemüts erholt hatte, ‹es ist mein Verlobter›, sagte sie endlich, ‹um den ich fünfzig Jahre lang getrauert hatte und den mich Gott *noch einmal sehen läßt*. Acht Tage vor der Hochzeit ist er unter die Erde gegangen und nimmer heraufgekommen.› (Hervorhebung DEW)

Was die alte Frau sieht, ist nicht allein den aus dem Stollen geborgenen Leichnam, sondern auch – und dieser Aspekt ist ihrem Verständnis nach der wichtigere – ein Bild, ein Gesicht könnte man sagen, welches Gott ihr zu sehen gegeben hat. Sie sieht die Wahrheit der göttlichen Botschaft. Ihre Evidenzerfahrung kommt der Erfahrung eines Wunders gleich, und das hat einen ganz spezifischen narrativen Sinn. Denn aufgrund der Evidenz, die ihr im Bild präsentiert wird, wird die Verzweiflung, welche im ersten Erzählabschnitt durch die Formel «lieber im Grabe sein, als an einem anderen Ort» ausgedrückt wurde, verwunden. Jenes Wort der Verzweiflung war doch die letzte Äußerung, welche das Narrativ der Braut gegönnt hatte. Nun aber – an der Schwelle des Todes stehend – erhält sie im Gesicht die Versicherung, dass der Tod des Jünglings nur scheinbar die Erfüllung der Verheißung durchkreuzt habe. Man kann davon ausgehen, dass die bibelfesten Leser der Kalendergeschichte diese Implikation, und sei es auch unterhalb der Schwelle bewusster Artikulation, erkannt haben werden. Denn im Hintergrund der hier erzählten Evidenzerfahrung steht die Erzählung von der Auferweckung des Lazarus. In der Nacherzählung im zweiten Band seiner *Biblischen Geschichten* (1824) fügt Hebel seiner Darstellung des entscheidenden Augenblicks in dieser Episode ein Detail hinzu, das in der biblischen Vorlage fehlt. Dort schreibt er: «Da that sich das Auge des Erblaßten zu einem neuen Leben auf, da erhoben sich seine Gebeine zu einem neuen Leben. Er kam hervor, *wie wenn er nur geschlafen hätte*, und kehrte nachher mit den Seinigen in die Wohnung zurück.»[28] Die hier verwendete Konjunktivkonstruktion finden wir schon dreizehn Jahre vorher in *Unverhofftes Wiedersehen*, und zwar auch als Nachweis des nicht verwesten Zustandes des Gestorbenen: «sonst aber unverwest und unverändert war; also daß man seine Gesichtszüge und sein Alter noch völlig erkennen konnte, als wenn er erst vor einer Stunde gestorben, *oder ein wenig eingeschlafen wäre an der Arbeit.*» (Hervorhebung DEW) Im Gewahren des unversehrten Leichnams ihres Verlobten erfährt die alte Frau die Evidenz der Verheißung, denn genau das ist Hebel zufolge der Sinn der Lazarus-Episode. In seiner Nacherzählung lässt er Jesus der Schwester des Lazarus Folgendes sagen: «Dein Bruder wird auferstehen. Ich bin die Auferstehung und das Leben, wer an mich glaubt, der wird leben, ob er gleich stürbe.»[29] Die Evidenzerfahrung, welche in *Unverhofftes Wiedersehen* die alte Braut beim Gewahren ihres aus dem

28 Hebel, *GW* IV, 534.
29 Hebel, *GW* IV, 533.

unterirdischen Grab zurückgekehrten Bräutigams macht, betrifft die Verheißung der Auferstehung und damit die Erfüllung des durch die Verlobung gemachten Versprechens. Es ist der Sieg der Liebe über den Tod. Dieser Sieg wird das am folgenden Tag stattfindende Begräbnis in eine symbolische Hochzeit verwandeln: «Den andern Tag, als das Grab gerüstet war auf dem Kirchhof und ihn die Bergleute holten, schloß sie ein Kästlein auf, legte sie ihm das schwarzseidene Halstuch mit roten Streifen um. Und begleitete ihn alsdann in ihrem Sonntagsgewand, als wenn es ihr Hochzeittag und nicht der Tag seiner Beerdigung wäre.» Die Evidenzerfahrung lässt das mit der Verlobung vollzogene Versprechen symbolisch in Erfüllung gehen. Das von der jungen Braut genähte Hochzeitsgeschenk wird nun – die Durchkreuzung überwindend – dem wiedergefundenen Bräutigam überreicht. Der rote Saum der Liebe begrenzt und verwindet die schwarze Macht des Todes.

Wenden wir uns nun der zweiten Evidenzerfahrung zu: «Da wurden die Gemüter aller Umstehenden von Wehmuth und Thränen ergriffen, als sie *sahen* die ehemalige Braut jetzt in der Gestalt des hingewelkten kraftlosen Alters und den Bräutigam noch in seiner jugendlichen Schöne, und wie in ihrer Brust nach 50 Jahren die Flamme der jugendlichen Liebe noch einmal erwachte; aber er öffnete den Mund nimmer zum Lächeln oder die Augen zum Wiedererkennen» (Hervorhebung DEW). Was gibt der Augenblick des Wiedersehens den Umstehenden und mit ihnen den Leserinnen und Zuhörerinnen dieser Kalendergeschichte zu sehen? Das kraftlose, hingewelkte (also dem Tod nahe) Alter ist von Liebeskraft animiert, während der jugendliche Leib des Bergmanns in Todesstarre verharrt. Es handelt sich um eine Umstellung der normalen Zuordnungen, schließlich um die Aufhebung der üblichen Opposition zwischen Leben und Tod. Damit wird die Ordnung des normalen Lebens aufgelockert und die Begrenzung der irdischen Existenz, wenn auch nur für einen

Moment, überschritten. Das von den Beistehenden erfahrene Durchwirbeln der der empirischen Erfahrung zugrunde liegenden Begriffsstruktur ermöglicht jenen «transzendierenden Zug», den Bloch dem Schluss der Erzählung zuschrieb.

Bloch hat allerdings übersehen, dass die allerletzten Sätze der Erzählung eine Rückkehr aus der Evidenzerfahrung und der damit ermöglichten Verwindung des Todes in die Unsicherheit der irdischen Existenz inszenieren. Die Kalendergeschichte schließt mit den Abschiedsworten der alten Frau, die Hebel in einer subtilen Konstruktion wiedergibt:

> Denn als man ihn auf dem Kirchhof ins Grab legte, sagte sie: ‹Schlafe nun wohl, noch einen Tag oder zehen im kühlen Hochzeitbett, und laß dir die Zeit nicht lange werden. Ich habe nur noch wenig zu tun, und komme bald, und bald wird's wieder Tag. – Was die Erde einmal wiedergegeben hat, wird sie zum zweitenmal auch nicht behalten› sagte sie, als sie fortging, und noch einmal umschaute.

Aufgrund der Setzung der Anführungszeichen bedarf es eines zweiten Blickes, um zu erkennen, dass es sich hier um zwei unterschiedliche Äußerungen handelt, die an unterschiedlichen, wenn auch nah beieinander liegenden Orten ausgesprochen und an unterschiedliche Adressaten gerichtet werden. Dieser Unterschied wird durch die beide Äußerungen – als wären sie eine einzige – umrahmenden Anführungszeichen verschleiert, jedoch gleichzeitig durch den Gedankenstrich und die Markierung des Ortes, an dem die Äußerung stattfindet, herausgehoben. Das Ergebnis ist ein raffiniertes chiastisches (kreuzförmiges) Arrangement: A: Ort der Äußerung/B: Inhalt derselben – B: Inhalt der zweiten Äußerung/A: Ort, an dem diese ergeht. Es handelt sich um eine Differenz in der Einheit. Die *clausule*, welche die Geschichte abschließt, öffnet in ihr zugleich eine fundamentale Ambivalenz.

Worum geht es? Es geht um die im Liebesversprechen und in der kirchlich gesegneten Hochzeit implizierte Verheißung des ewigen Lebens in postmortaler Vereinigung. Im Grabe wird der Bergmann nicht allein zurückbleiben müssen, sondern im himmlischen Leben mit der Braut vereinigt werden, sobald ihre Zeit kommt. Mit dieser an den toten Bräutigam adressierten Äußerung spricht die Braut die Botschaft aus, welche die Umlegung des schwarzseidenen Halstuches in der symbolischen Hochzeitszeremonie gestisch zum Ausdruck gebracht hatte. Es handelt sich um die durch Christi Tod und Auferstehung verheißene Besiegung des Todes und des Grabes. In dem *Die Auferstehung des Herrn* gewidmeten Kapitel seiner oben zitierten *Biblischen Geschichten* schreibt Hebel: «Der Verheißene kann im Grabe nicht bleiben. Die Verheißung kann nicht sterben.»[30] Mit der vollen Überzeugung, die in diesen starken Sätzen zum Ausdruck kommt, spricht die Braut in den ersten beiden Sätzen des Abschieds am Grab. Die am Anfang der Geschichte angedeutete Kehrseite des Glaubens an die Verheißung – die durch den Satz: «ohne dich möchte ich lieber im Grab sein, als an einem anderen Ort» ausgesprochene Verzweiflung – scheint endgültig verwunden zu sein. Das ist das Resultat der der biblischen Geschichte von der Auferweckung des Lazarus nachgebildeten Evidenzerfahrung. In der Gegenwart des ihr wieder geschenkten und nun in der zweiten Person adressierbaren Bräutigams spricht sie aus der neu gewonnenen Erlösungsgewissheit heraus.

Wie verhält es sich aber mit der zweiten Äußerung, die, «als sie fortging, und noch einmal umschaute», ausgesprochen wird? Was heißt hier «fortgehen»? Weder Richtung noch Ziel wird angegeben, bloß die Bewegung, die allmähliche Entfernung. Das letzte Wort der alten Frau ergeht in dem Moment, da sie aus der epiphanischen Gegenwart des geliebten Bräutigams heraustritt und in die Bewegtheit der Zeit zurückkehrt. Aus dieser alltäglichen Zeitlichkeit heraus formuliert sie den Gedanken: «Was die

30 Hebel, *GW* IV, 550.

Erde einmal wiedergegeben hat, wird sie zum zweitenmal auch nicht behalten». Das sagt sie sich selbst, und der Leser muss sich fragen, warum sie das tut. Handelt es sich etwa um das Wissen um eine allgemeine Gesetzmäßigkeit, der zufolge ein wiedergegebener Leichnam nie zurückbehalten wird? Ersichtlich nicht. Die illokutionäre Tendenz des Sprechakts ist vielmehr eine Geste der Versicherung, und eine solche Geste wird nur dort sinnvoll gebraucht, wo Zweifel aufkommt. Um den impliziten Abwehrgestus der von der Frau innerlich vollzogenen Sprachhandlung herauszubringen, könnte man ohne Sinnesveränderung ihre Formulierung durch ein einführendes: «Keine Sorge» ergänzen: «Keine Sorge, was die Erde einmal wiedergegeben hat, wird sie zum zweitenmal auch nicht behalten». Aber dieser Ergänzung bedarf es gar nicht, um die Pointe zu erkennen, denn Hebel hat die situative Voraussetzung des versichernden Sprechakts deutlich gemacht. Der Satz, der uns hier beschäftigt, wird nämlich in dem Augenblick gedanklich formuliert, in dem die Frau «noch einmal umschaute.» Indem sie das tut, vollzieht sie die Handlung mit der Orpheus sich zu versichern versucht, dass ihm Eurydike tatsächlich auf dem Weg aus dem Hades ins Leben zurück folge. Ovid formuliert den Augenblick so:

> Jetzo besorgt, sie bleibe zurück, und begierig des Anschauns,
> Wandt' er die Augen voll Lieb'; und sogleich war jene versunken.[31]

Meiner Meinung nach hat die Anspielung auf den Orpheus-Mythos, mit der Hebel die Geschichte abschließt, keineswegs die Intention, ein *Scheitern* seitens der alten Frau, gleichsam einen Mangel an Glaubenskraft zu signalisieren. Vielmehr geht es darum, den Sinn menschlichen Lebens als eines Lebens im Glauben

31 Ovid, *Metamorphosen*, Liber X, Z. 56 f., hier in der die Übersetzung von Johann Heinrich Voß (1798): https://www.projekt-gutenberg.org/ovid/metamor/metamor.html.

an die Verheißung adäquat darzustellen. Denn der Glaube, der dieses Leben trägt, ist wesentlich prekär. Er kennt keine Garantie, greift über jegliche Absicherung hinaus. In einem 1922 gehaltenen, *Not und Verheißung der christlichen Verkündigung* betitelten Vortrag hat der wie Johann Peter Hebel auch in Basel geborene Theologe Karl Barth geschrieben:

> Verheißung ist nicht Erfüllung. Verheißung bedeutet, daß Erfüllung uns versprochen ist. Verheißung hebt die Notwendigkeit zu glauben nicht auf, sondert begründet sie. Verheißung ist des Menschen Teil, Erfüllung ist Gottes Teil. [...] Gottes Wort ist also und will und muß sein und bleiben Gottes Wort. Der Schein, als ob es anders wäre, verkehrt die Sache in ihr Gegenteil, und wenn es der glänzendste, der christlichste, der biblichste Schein wäre. Vorweggenommene Erfüllung raubt uns auch die Verheißung.[32]

Ich sehe Hebels Entwurf des umfassenden Lebenssinns in *Unverhofftes Wiedersehen* in Analogie zu dem Verheißungsverständnis, das Barth hier formuliert. Der Rückblick im Fortgehen markiert die Unsicherheit, die unseren irdisch-endlichen Standpunkt kennzeichnet. Mit den letzten Worten seiner Erzählung markiert Hebel diese Unsicherheit und, indem er das tut, löst er den falschen Schein der Erfüllung auf, von dem Barth spricht. Der letzte Satz der Erzählung lässt das verheißene Wiedersehen in dem Sinne «unverhofft» sein, dass er nicht wissensbasiert ist, durch keine denkbare Zukunftskalkulation begründbar. Die anderen Geschichten, deren Grundschema *Unverhofftes Wiedersehen* teilt, umreißen fiktive Glücksmomente, in denen das verheißene Wiedersehen – die Erfüllung – in menschlichen Maßen erlebt wird. Insofern bringen sie eine anthropologische Grundstruktur – die Spannung zwischen Erwartung und Erfüllung – zum Ausdruck und erschließen damit eine wichtige Quelle menschlichen Glücks. Aber die Darstellung menschlichen Lebenssinns

32 Karl Barth, *Das Wort Gottes und die Theologie. Gesammelte Vorträge*, München 1929, S. 117 f.

als eines Lebens in der Verheißung muss den Schein der Fiktion abstreifen, muss das bange Fortgehen im Glauben ohne Absicherung thematisieren, um wahr zu sein. Solche Wahrheit strebte Hebel mit seiner Erzählung an. Seine Erzählung ist die an seine Leser und Leserinnen gerichtete Frage, ob sie in dieser Darstellung den eigenen Lebenssinn zu erkennen vermögen.

# Kafkas Wunsch
## Zur literarischen Interpretation

In einem Brief an seinen Schriftstellerkollegen Robert Louis Stevenson vom 12. Januar 1891 schreibt Henry James: «No theory is kind to us that cheats us of *seeing*.»[33] Der hier verwendete Begriff des Sehens bezieht sich auf die Erfahrung der dargestellten Gegenstände: «I mean as regards people, things, objects, faces, bodies, costumes, features, gestures, manners, the introductory, the *personal* painter-touch.»[34] Es handelt sich um die Forderung nach lebendiger Darstellung, die letztlich auf Aristoteles zurückgeht und im Laufe der europäischen Literaturgeschichte wiederholt erhoben wurde: Genuin ästhetische Erfahrung beruhe auf der virtuellen Gegenwart des dargestellten Gegenstandes, auf imaginierter Visualität. Was James einen «painter-touch» nennt, hieß traditionell *enargia*.

Im Folgenden möchte ich zeigen, dass auch die Interpretation literarischer Texte in der Hervorbringung einer spezifischen Art von Anschauung eine wichtige Bedingung ihres Gelingens hat. Wir können dabei von der wohl unkontroversen Beobachtung ausgehen, dass die Interpretation in dem dreipoligen Kommunikationskontext Interpret – Text – Adressat ihren Ort hat. Damit ist nicht bloß die Äußerlichkeit gemeint, dass Interpretationen in der Regel geschrieben und gelegentlich (seltener allerdings, als man meint) gelesen werden. Es ist vielmehr ein Wesenszug literarischer Interpretation, dass sie sich stets, auch

33 *The Letters of Henry James*, hrsg. von Percy Lubbock, New York 1920, Bd. I, S. 174 (Hervorhebung im Original).

34 Ebd.

in Fällen, wo sie monologisch durchgeführt wird, als eine Aufforderung zum Nachvollzug, zum Mitgehen gebärdet. Was Kant vom ästhetischen Urteil behauptet, nämlich dass dessen Gültigkeit nur durch *Beistimmung* zu gewährleisten sei,[35] gilt auch für die Interpretation ästhetischer Gegenstände. Deswegen gehört zur Interpretation ein deiktisches Moment: ein Hinzeigen auf spezifische Aspekte des Textes, ein Hinführen zur Evidenzerfahrung. Mit dem (meistens unausgesprochenen) werbenden Gestus «Siehe da!» kommt die Ausfaltung der Sinnimplikationen immer wieder auf die konkrete Gestalt des Textes zurück. Aber es gilt nicht bloß dieses oder jenes Detail an sich zu gewahren. Verstanden wird erst dann, wenn das fokussierte Einzelphänomen – sei dieses ein Wort oder eine Wortsequenz, eine Ähnlichkeit oder ein Kontrast, eine Konnotation oder eine Anspielung, eine metaphorische Resonanz oder eine Ironie – im Hinblick auf seinen Beitrag zum Gesamtsinn erfasst wird. Die morphologische Hermeneutik begreift die Grundschicht solchen verstehenden Erfassens als einen Anschauungsakt. Im hermeneutischen Dialog geht es darum, den Dialogpartner bis hin zu dem Punkt zu geleiten, wo er das fokussierte Phänomen als Teilaspekt eines ganzheitlichen Zusammenhangs *sieht*. Was ist das für ein Sehen? In einer Besprechung der botanischen Arbeiten von C. A. Wolff hebt Goethe hervor, dass es bei der Beschreibung von Pflanzen notwendig sei, zwischen «Sehen und Sehen» zu unterscheiden. Wo es darum geht, die ganzheitliche organische Form zu erfassen, müssen nämlich «die Geistes-Augen mit den Augen des Leibes in stetem lebendigem Bunde […] wirken.»[36] «Geistes-Augen» (bzw. «geistige Augen») ist ein Terminus technicus der goetheschen Morphologie. Es handelt sich um eine geistige (intellektuelle) Anschauung, die «in dem vorbereitenden Organ, das noth-

35 Immanuel Kant, *Kritik der Urteilskraft*, Frankfurt a. M. 1974, S. 156.
36 FA I.24, 433.

wendig folgende, in dem Abweichenden die Regel erblick[t].»[37] Die hermeneutische Relevanz dieses Konzepts wird klar, wenn man bedenkt, dass die Erkenntnis solcher Zusammenhänge nichts anderes ist als der Grundvorgang des Verstehens. Auch für die kleinsten Sinneinheiten, nämlich für Sätze, gilt das. So hat Heidegger in einem Kommentar zur Sprachauffassung des Aristoteles für die im Verstehen von Aussagesätzen aktivierte Doppelbewegung von synthetischem Akt *(synthesis)* und Binnendifferenzierung der Teile *(diaresis)* folgende Formel vorgeschlagen: «Das Vernehmen ist in sich *auseinandernehmendes Zusammennehmen*.»[38] Das gilt nicht nur für Sätze, sondern auch für Werke: Keine adäquate Diskriminierung der Teile ohne Hinblick auf deren Synthese zum umfassenden Sinn. Das Verstehen hat beides – das Auseinandernehmen und das Zusammennehmen – *in sich*, vollzieht sich als einheitliche Doppelaktion. Wie die von Goethe beschriebenen Lebewesen sind auch die Werke *konstitutive Einheiten*, das heißt solche, deren Teile erst durch die ordnende Idee des Ganzen konstituiert werden.[39] Deswegen zielt die morphologische Hermeneutik auf die anschauliche Erfassung des immanenten Formprinzips (Goethe: der Idee) in ihrer formgebenden Aktivität. In diesem Sinne ist eine die ästhetische Erfahrung betreffende Behauptung Goethes zu verstehen: «[...] das Schöne sei, wenn wir das gesetzmäßig Lebendige in seiner größten Tätigkeit und Vollkommenheit schauen, wodurch wir zur

37 WA II/6, 172.

38 Martin Heidegger, *Die Grundbegriffe der Metaphysik. Welt – Endlichkeit – Einsamkeit*, hrsg. von Friedrich-Wilhelm von Herrmann, Frankfurt a. M. 1983 (= *Gesamtausgabe*, Bd. 29/30), S. 457 (Hervorhebung im Original).

39 Zum Begriff der konstitutiven Einheit vgl. Andrea Kern, *Quellen des Wissens. Zum Begriff vernünftiger Erkenntnisfähigkeiten*, Frankfurt a. M. 2006, S. 194–206.

Reproduktion gereizt uns gleichfalls lebendig und in höchste Tätigkeit versetzt fühlen.»[40]

In diesem Essay versuche ich an einem überschaubaren Textbeispiel die geistige Anschauung, die der hermeneutischen Erfahrung zugrunde liegt, in ihrem Vollzug darzustellen. Zu diesem Zweck habe ich einen kurzen Text von Franz Kafka ausgewählt:

> Wunsch, Indianer zu werden
>
> Wenn man doch ein Indianer wäre, gleich bereit, und auf dem rennenden Pferde, schief in der Luft, immer wieder kurz erzitterte über dem zitternden Boden, bis man die Sporen ließ, denn es gab keine Sporen, bis man die Zügel wegwarf, denn es gab keine Zügel, und kaum das Land vor sich als glatt gemähte Heide sah, schon ohne Pferdehals und Pferdekopf.[41]

Zunächst einige wenige Bemerkungen, die den Text in groben Zügen historisch-ästhetisch verorten. Denn wir begegnen Texten nie kontextlos, sondern im Vorverständnis ihres historischen Stellenwerts und ihrer prägenden ästhetischen Tendenz. Dass dieses Vorverständnis im Verlauf der Interpretationsarbeit modifiziert werden kann, ist evident; die hermeneutische Erfahrung ist auch eine Lernerfahrung. Veröffentlicht wurde der infrage stehende Text 1912 in Kafkas erster Buchpublikation, der schmalen Sammlung *Betrachtung*. Im Gegensatz zu einigen anderen Texten der Sammlung gibt es im Falle dieses Textes keine vorausgehende Zeitschriftenpublikation. Auch sind keine Vorarbeiten oder Entwürfe vorhanden. Der Titel *Betrachtung* legt die Vermutung nahe, dass die in der Sammlung enthaltenen kurzen Texte nicht in erster Linie als Einzelbeobachtungen und Momentaufnahmen anzusehen sind. Dann stünde der Begriff *Betrachtung* im Plu-

40 FA I/16, 546 (*Campagne in Frankreich*).

41 Zitiert nach der Ausgabe: Franz Kafka, *Erzählungen und andere ausgewählte Prosa*, hrsg. von Roger Hermes, Frankfurt a. M.1996, S. 7.

ral. Der Singular deutet an, dass sämtliche Texte der Sammlung auf die Hervorbringung einer bestimmten kognitiven Einstellung zielen. Phänomenologisch gesprochen: Nicht die diversen Noemata oder Gegenstände stehen im Vordergrund, sondern die noetische Aktstruktur, das heißt: die spezifische Ausrichtung des Bewusstseins, die der Begriff *Betrachtung* meint. Dass sie ihren Gegenstand «in der bloßen Betrachtung» erfasse, ist nach Kant das unterscheidende Merkmal der *ästhetischen* Einstellung, womit er eine Geisteshaltung anvisiert, die nichts mehr von ihrem Gegenstand verlangt, als dass er sich in seinem bloßen Erscheinen entfalte.[42] Es gibt Phasen der Moderne, wo das Bedürfnis akut wird, die Sonderstellung ästhetischen Bewusstseins gegenüber anderen Vollzügen menschlichen Lebens möglichst streng abzugrenzen. In solchen Phasen gehört die Begrifflichkeit Kants bzw. seiner Nachfolger – ich denke besonders an Schopenhauer – zum *koiné* kultureller Selbstbeschreibung. Kafkas Sammlung, deren Miniaturen höchste Intensität der Betrachtung anstreben, zeugt von einer solchen Ästhetikemphase. Daher soll für die erste Hinsichtnahme auf den Text, der im Zentrum meiner Überlegungen steht, die Leitfrage nach der Besonderheit ästhetischen Bewusstseins leitend sein.

Ein einziger Satz, dessen illokutionäre Einheit darin besteht, dass er einen Wunsch zum Ausdruck bringt. Der Inhalt des Wunsches beziehungsweise das Wunschziel wird zweimal angegeben, recht allgemein im Titel und dann in der sequenziell angelegten, quasi-narrativen Konkretisierung. Diese semantische Verdopplung reicht allerdings nicht hin, um dem Text sein Änigmatisches zu nehmen. Denn es gibt hier keinen Kontext, aus dem sich die im Wunsch ausgesprochene Zielsetzung nachvollziehbar ergäbe. Im Gegensatz zu Wünschen der alltäglichen Sorte steht dieser in keinem Zusammenhang vorausgehender Motivationen.

42 Kant, *Kritik der Urteilskraft*, S. 116.

Kein Anlass des Wunsches ist zu erkennen. Vom Subjekt, das den Wunsch hegt, gibt es keine Vorgeschichte, welche die Entstehung des Wunsches erklären könnte. Die Mutmaßung läge nahe, es handle sich um ein männliches Subjekt, aber um ein Charakterbild des Wünschenden als eines bestimmten Typus geht es hier ersichtlich nicht. Der Wunsch, Indianer zu werden, wird vielmehr ohne Vorgeschichte oder kontextuelle Einbettung ausgestellt. Es geht um den dargestellten Wunschakt selbst. Ich begreife diese Eigenschaft des Textes als ästhetische Isolation. Solche Isolation ist für Kunstwerke generell charakteristisch, aber aufgrund seiner äußersten Kompression kommt an Kafkas Text dieser Zug besonders prominent zum Vorschein. Die programmatische Lakonik, die für kleine Formen wie Aphorismus, Maxime oder Kurzgedicht konstitutiv ist, wird hier auf die Gattung fiktionaler Prosa übertragen, wo man allerdings kausal oder teleologisch bedingte Ereignisfolgen erwarten würde. Diese sind aber nicht gegeben, und der Erwartungsbruch trägt zur Erzeugung des rätselhaften Eindrucks bei, den der Text zunächst auf den Leser macht. Es entsteht eine Desorientierung seitens des Lesers, der nicht so richtig sieht, wie mit dem Text umzugehen ist.

Von allen Ästhetikern ist der um 1900 viel zitierte Schopenhauer wohl derjenige, der den Begriff der ästhetischen Isolation am markantesten akzentuierte. Seiner Auffassung nach entreißt die ästhetische Betrachtung (auch er verwendet diesen Begriff) ihren Gegenstand dem relationalen Nexus, den der sogenannte Satz vom Grund organisiert. Hinsichtlich seiner *ästhetischen* Relevanz ist der Gegenstand weder durch räumlich-zeitliche noch durch kausale Verhältnisse zu anderen Gegenständen noch durch praktische Absichten oder Motive bestimmt. Er fällt aus dem Netz des Weltzusammenhangs heraus. Da aber empirische Gegenstände *per definitionem* so bestimmt werden, ist nach Schopenhauer die Schlussfolgerung unausweichlich, dass das ästhetische Objekt kein empirischer Gegenstand ist. Was denn?

An dieser Problemstelle greift Schopenhauer ins Metaphysische aus, erhebt das ästhetische Objekt in die Sphäre der Ideen und behauptet, es handele sich bei den in ästhetischer Kontemplation erfassten Ideen um Grundkonstellationen des Seins, d. h. des metaphysischen Willens. Darin sind ihm in der Moderne nur wenige gefolgt. Zwei Implikationen von Schopenhauers extravaganter These haben jedoch auch nüchterne Geister angesprochen: zum einen die Herausstellung einer besonderen Art der Anschauung, die, anstatt Einzelnes aufzunehmen, ein Allgemeines zum Gegenstand hat; zum anderen die Behauptung, dass die ästhetische Erfahrung aus der alltäglichen Zeit herausfällt.

Beide Implikationen werden von einem Zeitgenossen und, was die Originalität und Fekundität seines Denkens anbetrifft, Geistesverwandten Kafkas auf eine Weise aufgegriffen, die für unsere umfassende Fragestellung klärend ist. Vier Jahre nach der Veröffentlichung von Kafkas *Betrachtung*, nämlich am 7. Oktober 1916, trägt der junge Ludwig Wittgenstein folgende, in ihrer intellektuellen Ambition kaum zu überbietende Überlegungen in sein Tagebuch ein: «Das Kunstwerk ist der Gegenstand *sub specie aeternitatis* gesehen; und das gute Leben ist die Welt *sub specie aeternitatis* gesehen. Dies ist der Zusammenhang zwischen Kunst und Ethik.» Am folgenden Tag erläutert Wittgenstein den angesprochenen Gedankenkomplex anhand eines konkreten Beispiels:

> Als Ding unter Dingen ist jedes Ding gleich unbedeutend, als Welt jedes gleichbedeutend.
>
> Habe ich den Ofen kontempliert, und es wird mir nun gesagt: jetzt kennst du aber nur den Ofen, so scheint mein Resultat allerdings kleinlich. Denn das stellt es so dar, als hätte ich den Ofen unter den vielen Dingen der Welt studiert. Habe ich aber den Ofen kontempliert, so war er meine Welt, und alles andere dagegen blaß.[43]

43 Ludwig Wittgenstein, *Werkausgabe*, Band I: *Tractatus logico-philosophicus, Tagebücher 1914–16, Philosophische Untersuchungen*, hrsg. von Joachim Schulte, Frankfurt a. M. 1984, S. 178.

Auf die philosophische Bedeutung dieser Sätze, die im Kontext der Vorarbeit am *Tractatus logico-philosophicus* entstanden sind, will ich nicht eingehen. Stattdessen will ich kurz zu erörtern versuchen, warum sie für den Literaturwissenschaftler, der sich mit Kafkas Text befasst, fruchtbare Anregungen enthalten. Bemerkenswert ist schon die Tatsache, dass Wittgensteins Tagebucheinträge, die offensichtlich von seiner Schopenhauerlektüre inspiriert sind, mit Kafkas ebenfalls intensiver Beschäftigung mit Schopenhauer zeitlich zusammenfallen. Bekanntlich hat Kafka das organisierende räumlich-epistemologische Schema seines Romans *Das Schloss* einer Metapher nachgebildet, die Schopenhauer im ersten Abschnitt des zweiten Buches von *Welt als Wille und Vorstellung* verwendet, um die metaphysische Gehaltlosigkeit der Vorstellungswelt – das heißt: der Erkenntnis überhaupt – zu pointieren.[44] Was mich aber an Wittgensteins Bemerkungen primär interessiert, ist das Thema der ästhetischen Isolation, von dem wir ausgegangen sind. Wittgensteins Überlegungen machen deutlich, dass die Isolation des ästhetischen Gegenstandes *zu einer semantischen Aufladung* desselben führt. Das ästhetische Objekt ist eines, das den ganzen logischen Raum, den Raum möglicher Sätze, zum Hintergrund hat, und aus diesem Grunde gewinnt es Weltqualität. Nun kann das nicht heißen, dass der so kontemplierte Gegenstand *alles* bedeuten sollte, dann wäre seine Bedeutung gleich null. Man kann aber den Gedanken, den Wittgenstein zu formulieren versucht, so fassen: Der ästhetische

44 Vgl. Artur Schopenhauer, *Sämtliche Werke*, Band I: *Die Welt als Wille und Vorstellung I*, hrsg. von Wolfgang Frh. von Löhneysen, Frankfurt a. M. 1995, S. 156: «Wir sehn schon hier, daß *von außen* dem Wesen der Dinge nimmermehr beizukommen ist: wie immer man auch forschen mag, so gewinnt man nichts als Bilder und Namen. Man gleicht einem, der um ein Schloß herumgeht, vergeblich einen Eingang suchend und einstweilen die Fassaden skizzierend.»

Gegenstand gibt uns die Welt zu betrachten, aber aus seiner je eigenen Perspektive, beispielsweise aus der Perspektive jenes Heizofens in der Ecke meines Arbeitszimmers. Vielleicht bringt der ästhetisch betrachtete Ofen – ansonsten so belanglos wie eine Zahnbürste – eine Welt zum Vorschein, die innen brennt und glüht, die allmählich und unaufhaltbar verrostet, die uns Arbeit abverlangt, dafür aber Wärme bietet, und die uns schliesslich eigentümlich stumm, opak und unbeholfen gegenübersteht, einerseits selbstverständlich, andererseits uns völlig fremd. In dem Sinn also vertritt der ästhetisch isolierte Gegenstand die Welt, dass seine Merkmale zu Weltmerkmalen werden: Sie gewinnen Resonanz, ein Potential für semantische Verallgemeinerung, die sie in den Status weltkonstitutiver Kategorien erhebt. Von dieser Einsicht Wittgensteins her ließe sich übrigens die durch unendliche Wiederholung unverständlich gewordene These erhellen, der zufolge ästhetische Erfahrung als intuitive Erfassung eines Allgemeinen zu begreifen sei. An dieser Stelle will ich aber auf eine andere Implikation von Wittgensteins Überlegung aufmerksam machen. Ist nämlich der ästhetische Gegenstand von allen anderen empirischen Gegenständen und damit von allen anderen Weltzuständen isoliert, dann folgt daraus, dass er *als ästhetischer Gegenstand* auf keinen Weltzustand einwirken, keine Änderungen zeitigen kann. Unzufriedenheit über solche Wirkungslosigkeit im Weltlichen scheint der imaginierte Gesprächspartner im zweiten Tagebucheintrag zum Ausdruck zu bringen. Obgleich aber der ästhetische Gegenstand als solcher keine praktische Konsequenzen in der Welt hat, vermag er die Welt *tout court* zu ändern, und zwar in dem Sinne, dass er mir die Welt aus seiner je eigenen Perspektive zu sehen und zu denken gibt. Von Wittgensteins Ästhetikkonzept her verstanden wäre moderne Kunst in dem Sinne als Weltkunst zu verstehen, dass sie aus ihrer Weltlosigkeit heraus die bedeutsame Konfiguration der Welt verwandelt.

Mit dem zuletzt genannten Gedanken hat der Exkurs über Schopenhauer und Wittgenstein zu Kafkas Text *Wunsch, Indianer zu werden* zurückgeführt. Wir sind nämlich nun in der Lage, unseren dem Titel *Betrachtung* abgewonnenen Leitbegriff der Ästhetikemphase zu einer Hypothese zu präzisieren. Sie lautet: In Kafkas Text geht es in erster Linie um die Möglichkeit ästhetischer Transformation, um die Kapazität der Kunst, zumindest momentan ein anderes, sinnträchtiges Verhältnis zur Welt hervorzubringen. Das ist das modernistische Programm, das Kafkas Text verwirklichen will. Der Inhalt des Wunsches, welchen der Text in absoluter Isolation inszeniert, wäre dieser Hypothese zufolge die ästhetische Transformation der Welt.

Mit dieser These haben wir mithilfe einer zeitnah entstandenen philosophischen Semantik einen Vorgriff auf das Textganze gewonnen und damit einen wichtigen Aspekt der literarischen Interpretation hervortreten lassen, nämlich die eigentümliche Zeitlichkeit ihres Vollzugs. Denn obwohl wir erst am Anfang stehen, kaum über den Titel der kleinen Buchpublikation hinausgekommen sind und eigentlich nichts mehr als die gedrängte Kürze des Textes zur Kenntnis genommen haben, antizipieren wir schon eine umfassende Sinnintention und orientieren uns im Rahmen dieser Antizipation. Diese eigentümliche Zeitlichkeit entspricht der eingangs erläuterten These, der zufolge auseinandernehmende Diskriminierung der Teilfunktionen und synthetische Erfassung des Ganzen Aspekte eines einheitlichen interpretatorischen Prozesses sind. Es gilt, diese momentan nur vage antizipierte sinnhafte Totalität in die Klarheit einer Anschauung zu überführen.

So wie sich vom Begriff der ästhetischen Betrachtung ausgehend ein Problemfeld umreißen ließ, innerhalb dessen die ästhetische Intention von Kafkas Text sichtbar wurde, so führt der titelgebende Begriff des *Wunsches* zur Einsicht in die *Aktstruktur*, welche die spezifische Ausgestaltung des Textes organisiert.

Wünsche sind nämlich als Phantasievollzüge beschreibbar, deren Vergegenwärtigungsleistung Erfüllungslust gerade deswegen zeitigt, weil sie durchaus im Bereich des Nicht-Realen verbleibt. Richard Wollheim, sachkundig sowohl in der Philosophie des Geistes als auch in der Psychoanalyse, bringt diesen Sachverhalt folgendermaßen auf den Begriff:

> On the second level [of phantasy], [...] we phantasize the object of our desire so that, through the confusion between phantasy and reality, we can obtain, however briefly, the experience of satisfied desire. This phenomenon, which is not intentional, is teleological, in that it serves an end: it rests on a mechanism that would not survive if it did not continue to serve this end. For this, Freud used the term ‹wish-fulfillment›.[45]

Wichtig an dieser Begriffsbestimmung ist zweierlei: erstens der Hinweis auf Freud, der den Begriff der Wunscherfüllung ins Zentrum seiner bahnbrechenden Studie *Die Traumdeutung* stellte und damit zu einem Kernbegriff der kulturellen Semantik des frühen 20. Jahrhunderts machte; zweitens der Hinweis darauf, dass der vorgestellte Wunschinhalt als ein Kondensat von Begehrenszielen anzusehen ist, woraus sich die Lust gewährende Wirkung des Wunsches herleitet. Die Phantasie psychischer Allmacht sowie die Absicherung gegen Realitätsprüfung tragen zum Charakter des Wunsches bei. Wie sich diese komplexe Aktstruktur auf produktive Weise literarisch einsetzen lässt, möchte ich an einem Beispiel illustrieren, von dem man annehmen kann, dass Kafka es kannte. Es handelt sich um den dritten Absatz des ersten Briefes, den Goethes Werther an seinen Korrespondenten Wilhelm schickt:

45 Richard Wollheim, *On the Emotions*, New Haven and London 1991, S. 141.

> Übrigens befinde ich mich hier gar wohl, die Einsamkeit ist meinem Herzen köstlicher Balsam in dieser paradiesischen Gegend, und diese Jahrszeit der Jugend wärmt mit aller Fülle mein oft schauderndes Herz. Jeder Baum, jede Hecke ist ein Strauß von Blüthen, *und man möchte zum Maykäfer werden, um in dem Meer von Wohlgerüchen herumschweben und alle seine Nahrung darin finden zu können.*[46]

Ohne einen direkten Einfluss unterstellen zu wollen, können wir die hervorgehobene Stelle als Modell betrachten, von dem sich die spezifische Stoßrichtung von Kafkas literarischer Gestaltung des Wunsches abhebt. Die Versetzung des ich-bezogenen Wunsches in die Allgemeinheit des Pronomens «man», der imaginierte Vorgang des Anders-Werdens, das heißt, die erwünschte Verwandlung in eine andere Form des Seins, die Hervorhebung von affektträchtigen, vor allem leiblich-kinetischen Aspekten des transformierten Zustands: All das findet sich, wenn auch mit anderer Nuancierung, bei Kafka wieder. Bei Goethe ist die primäre Leistung der Phantasietätigkeit darin zu sehen, dass sich das phantasierende Subjekt optativ in einen Phantasieleib hineinprojiziert, der sich durch die gegenstandslose Weite ungehindert bewegt. Zudem ist das Subjekt in seiner Bewegung durch keine Alterität beschränkt, denn die imaginär vollzogene Verwandlung hat jegliches weltlich Begegnende in einer duftenden, quasi-liquiden Atmosphäre aufgelöst. In diesem Zustand genösse das verwandelte Subjekt durch die orale Einnahme der atmosphärischen Nahrung eine ununterbrochene Sättigung. Die hermeneutische Ratlosigkeit der forschungsüblichen Feststellung, an der zitierten Stelle komme Goethes Naturgefühl zum Ausdruck, ist offenkundig. Nur wenn man die spezifischen Inhalte des inszenierten psychischen Akts erkennt und somit die einheitliche Konfiguration von Ich-Projektion und erwünschtem Zustand erfasst, gewinnt

46 FA I.8, 13 (Hervorhebung DEW).

man Einsicht in die Grundtendenz von Werthers Phantasieleben. Diese Tendenz wird sein Schicksal bestimmen. Eine ähnliche Aufgabe stellt sich demjenigen, der Kafkas *Wunsch, Indianer zu werden* verstehen will, nur funktioniert hier die inszenierte Wunschprojektion nicht als Moment des Innenlebens einer Romanfigur, die der Leser auch aus anderen Situationen kennt. Der inszenierte Wunsch ist kein Teilaspekt eines Charakterporträts, vielmehr tritt er als ästhetisch herausgehobene, gleichsam absolute Geste auf. Nicht ein sprechendes Symptom innerhalb einer komplexen, schließlich in Verzweiflung und Selbstmord einmündenden Pathologie wird geliefert, sondern einzig und allein der Vollzug eines singulären psychischen Aktes in seiner inneren Prozesshaftigkeit. Der Wunsch gehört jedem und keinem. Die Daten zum Verständnis des durch den Wunsch zum Ausdruck gebrachten Begehrens sind einzig der sprachlichen Konfiguration dieses einen Satzes zu entnehmen.

Der Erläuterung der sprachlichen Fügung von Kafkas Text ist eine kurze theoretische Anmerkung vorzuschalten. Ich gehöre zu denen, die in der eigenen Arbeit an literarischen Texten von den Erkenntnissen des literaturwissenschaftlichen Strukturalismus profitiert haben. Die strukturalistische Begrifflichkeit, die in Anlehnung an eine bestimmte linguistische Theorie entwickelt wurde, ermöglichte einen Grad an Präzision und Differenziertheit der Textbeschreibung, der den großen Vorteil hatte, dass sie eine sichere Grundlage intersubjektiver Konsensbildung abgab. Auch wurden über Einzeltexte hinausgehende, gut überprüfbare Verallgemeinerungen ermöglicht. Der strukturalistischen Begrifflichkeit wohnt aber die Gefahr inne, dass sie zum Selbstzweck wird und somit die Dimension hermeneutischer Erfahrung ausblendet. Genau das geschah beispielsweise in der von Roman Jakobson und Claude Lévi-Strauss durchgeführten Analyse von Baudelaires *Les Chats*, in der die Verfasser ohne ein Kriterium hermeneutisch relevanter Beobachtungen auszukommen versuchten.[47] Der Grundirrtum lag darin, dass man das linguistische Faktum mit dem literarischen Faktum verwechselte. Neuere kognitionswissenschaftliche Ansätze scheinen mir ähnlich zu verfahren. Auch dort verselbstständigt sich ein nützliches Beschreibungsinstrument mit der Konsequenz, dass die Frage nach der ästhetischen Relevanz der Befunde verschwindet. Es gibt mit anderen Worten kein vom umfassenden Sinnentwurf unabhängiges Beschreibungsprotokoll, keine gegenstandsindifferente Methode. Das ist keine Neuigkeit, aber ich hebe den Punkt deswegen hervor, weil ich unterstreichen will, dass nachfolgende Beobachtungen zur sprachlichen Gestaltung des Textes, auch wenn sie bloß beschreibend zu sein scheinen, mit Heidegger gesprochen sowohl «zusammen-» als auch «auseinandernehmend» sind. Es geht um die Erfassung von Teilaspekten einer *konstitutiven Einheit*, eben die sinnhaft-ästhetische Ganzheit des kleinen Textes.

An dem Text *Wunsch, Indianer zu werden* sind meines Erachtens die ästhetisch relevanten Strukturmomente und Motivgruppen die folgenden:

1) Die syntaktisch-semantische Geste des Satzganzen. Freilich, vom Satzganzen zu sprechen, ist insofern problematisch, als der Text die satzübliche Vollständigkeit entbehrt. Selbstverständlich kann man im Deutschen mit *Wenn* ansetzende konditionale Teilsätze verwenden, um Wünsche auszudrücken. Ein Beispiel: «Wenn ich die Lotterie nur gewänne!» Solche Äußerungen gelten jedoch als elliptisch, sie entfalten bloß die Protasis des vollständigen Wunschausdrucks und lassen die Apodosis unausgesprochen. Das geschieht ohne Beeinträchtigung der Verständlichkeit, weil

47 Roman Jakobson und Claude Lévi-Strauss, Baudelaire's «Les Chats», in: Roman Jakobson, *Language in Literature*, hrsg. von Krystyna Pomorska und Stephen Rudy, Cambridge, Massachusetts 1987, S. 180–197.

die Formulierung der kontrafaktischen Bedingung ohnehin ausreicht, um die erwünschte Folge anzudeuten. Der Lotteriegewinner wird reich und der Reiche ist glücklich; das versteht sich von selbst. Im Fall von Kafkas Satz ist allerdings nicht ohne Weiteres einzusehen, was aus der ausgesprochenen Bedingung («Wenn man doch ein Indianer wäre, [...]») als erwünschte Folge hervorgehen soll. Diese Kappung der vollständigen Bedingung/Konsequenz-Struktur führt zur Exponierung des der Äußerung zugrunde liegenden optativen Gestus. Der Wunsch selbst ist die Erfüllung.

2) Die eben beschriebene grammatikalisch-rhetorische Struktur wird allerdings von einer zweiten Struktur überlagert, die sich an der Adverbialkonjunktion «bis» aufzeigen lässt. Durch «bis» eingeführte Nebensätze sprechen ein Ereignis aus, das auf eine durative Phase folgt, diese abbricht und den vorausgehenden Zustand ändert oder gar transformiert. Ein Beispiel: «Ich war unglücklich, bis ich Dich kennenlernte.» Registriert werden mit anderen Worten das Ende einer Periode und der Anfang einer anderen, ein Umschlag und der Aufgang eines neuen Zustands. Man kann zwei semantische Tendenzen der «bis»-Struktur unterscheiden. Es gibt durch «bis» eingeleitete Übergänge, in denen die zwei Phasen bloß aufeinander folgen, aber auch solche, in denen der spätere Zustand aus dem ersten resultiert. Sollte man Kafkas Text der zweiten Klasse zuweisen, dann wäre es hermeneutisch unerlässlich, den Faktor, welcher den Übergang von Phase A zu Phase B verursacht, zu bestimmen.

3) Aus den beiden Beobachtungen ergibt sich der für das Verständnis von Kafkas Text entscheidende Befund, dass hier eine gegenseitige Interferenz von zwei grammatikalischen Strukturen vorliegt: zwischen der Konditionalstruktur (wenn/dann) einerseits und der temporalen Struktur (durativer Zustand/bis/nachfolgender Zustand) andererseits. Die

dadurch erzeugte Desorientierung wird durch den irritierenden, weil nicht konsequenten Gebrauch von Konjunktiv und Indikativ nur noch intensiviert. Man kann die übergreifende Tendenz dieser sprachlichen Strategie dahingehend beschreiben, dass der Text zwei virtuelle – das heißt: nicht vollständig realisierte – Satzkonstruktionen zusammenführt. In der Konditionalkonstruktion rückt der durch «bis» eingeführte Nebensatz an die Stelle der Konsequenz: «Wenn man doch ein Indianer wäre, dann ließe man die Sporen [...]» In der Temporalkonstruktion hingegen vertritt der durch «Wenn» eingeleitete Nebensatz die durative Phase: «Man war noch nicht Indianer, bis man die Sporen ließ [...].» Im Hinblick auf diesen eigentümlichen grammatikalischen Schwebezustand kann man sagen, dass Kafkas Text im strikten Sinne kein deutschsprachiger Text ist oder dass er in den Formen der deutschen Sprache eine andere, unerhörte Sprache (analog der Sprache des Traumes, die Freuds Analyse erschloss) hörbar werden lässt. Klar ist zumindest, dass Kafka die Sprachelemente nicht zur Abbildung eines Sachverhalts verwendet, sondern zu eigens gesetzten konstruktiven Zwecken.

4) Schließlich ist auf eine weitere, ebenfalls auffallende syntaktisch-semantische Eigentümlichkeit des Textes hinzuweisen. Auf den Wechsel vom Konjunktiv zum Indikativ, also von einer erwünschten zu einer wirklichen – zumindest fiktional wirklichen – Sachverhaltskonstellation, wurde schon hingewiesen. Hinzu kommt, dass der Inhalt des auf «bis» folgenden Teils so etwas wie eine systematische Negation des im ersten Satzteil ausgesprochenen Wunschziels vorführt, bis hin zum Verschwinden vom Pferdehals und Pferdekopf. Wie solche Subversion der vorausgesetzten semantischen Prämissen vor dem Rückfall in den baren Unsinn zu retten sei, ist zunächst nicht einsehbar. Diese Inkon-

sequenz ist wohl die primäre semantische Provokation des Textes und damit der primäre Anstoß zur hermeneutischen Hypothesenbildung. An dieser Stelle will ich keine Lösung des Verständnisproblems bieten, sondern bloß den allgemeinen Befund hervorheben, dass die durch Isolation erzeugte Rätselhaftigkeit textintern gesteigert wird.

5) Mit diesen Anmerkungen habe ich den Konnotationshof, den der Text evoziert noch gar nicht berührt. Hinzuweisen ist vor allem auf drei Bereiche. Vordergründig ist jene Sphäre der jugendlichen Lesekultur, die man mit den Namen Cooper und May verbindet und die sich bis in die exotische Reise- und Abenteuerliteratur hinein erstreckt. Wie John Zilcosky nachweisen konnte, hat diese kulturelle Schicht Kafka nachhaltig fasziniert.[48] Eine zweite Sinndimension bilden die körperlichen und kinästhetischen Aspekte des Wunschszenarios: die Phantasie einer rapiden, athletischen Bewegungsform oder, um den gleichen Sachverhalt aus umgekehrter Sicht zu formulieren, die völlige Abwesenheit von Sorge, Kalkulation, Zögern und Unsicherheit, kurz: von allen Merkmalen der Handlungsunfähigkeit, die Kafkas spätere Protagonisten lähmt. Dieser Linie folgend könnte man mutmaßen, dass der Traum von ungehinderter, reflexionsfreier Bewegung das Gefühl fließend gelingender ästhetischer Produktivität konnotiert, welches Kafka allzu selten genoss. Dass solche Erlebnisse mit einem besonders intensiven, wenn auch schuldbehafteten, quasisexuellen Genuss verbunden waren, mag die Gestaltung von *Wunsch, Indianer zu werden* mitgeprägt haben. Schließlich muss die Konnotation «Dichtung» erwähnt werden, die sich besonders an jener Stelle bemerkbar macht, wo der Text un-

48 John Zilcosky, *Kafka's Travels: Exoticism, Colonialism, and the Traffic of Writing*, London 2002.

merklich in den Indikativ übergeht: «immer wieder kurz erzitterte über dem zitternden Boden». Trochäus, Trochäus, Daktylus, Adonäus. Für das für Alliteration, Repetition und Rhythmus sensibilisierte Ohr hat diese Stelle einen unverkennbar «poetischen» Ton.

Wir haben eine hinreichende Vielfalt an Beobachtungen gesammelt, um einen ersten Versuch zu machen, die herausgehobenen Momente in ihrer Einheit interpretativ zu erfassen. Als Inszenierung des Wunsches, Indianer zu werden, zielt der Text primär auf eine Erkundung des Imaginären, mit besonderer Akzentuierung der Negativität, die dem Imaginären innewohnt. Der Wunschinhalt wird geradeheraus gesetzt, aber nur, um in der zweiten Texthälfte progressiv ausgehöhlt zu werden. Die ontologischen Annahmen entgleiten, lösen sich auf. Der reitende Indianer kommt in Sicht, aber dann werden Sporen, Zügel, und schließlich auch das Pferd selbst, synekdokisch vertreten durch Pferdekopf und Pferdehals, der Phantasie abgezogen. Es geht um die fortschreitende Enthüllung der inneren Wahrheit des Imaginären, des wahren Objekts oder Ziels, das sich hinter der banalen, der Jugendliteratur entnommenen Figur des Indianers verbirgt. Der Gesamtvorgang, den der Text vollzieht, ist als Prozess der Reinigung zu begreifen: Die fremden, objekthaften Elemente werden abgestreift, damit sich schließlich das wahre Ziel des Schreibbegehrens offenbaren kann: eine Landschaft der Leere, die ins Offene sich erstreckende, undifferenzierte Heide. Man kann den Negationsprozess als kritische Operation verstehen, welche die Gehaltlosigkeit der pubertär-exotistischen Phantasie enthüllt. Aber auch eine positive Deutungsrichtung ist denkbar, der zufolge der Text einer Bestrebung Ausdruck verleiht, die auch andere Texte Kafkas animiert, einer Bestrebung, Ichhaftes abzustreifen und eine gewisse Anonymität zu erlangen. Von welchen zufälligen Inhalten es auch ausgeht, das Imaginäre zielt bei Kafka auf das Entschwinden des eigenen Ichs. Ein Ende dieser Art wird später sowohl dem Hungerkünstler als auch der Sängerin Josefine beschert. Schon Kafkas Erstpublikation zielt darauf ab.

Ein großer Vorteil der skizzierten Interpretationslinie besteht darin, dass sie sich mit einflussreichen Positionen der Forschung im Einklang findet. Kafkas Schreiben, behauptet Joseph Vogl, folge «einem Wunsch nach dem Ende des Wünschens», ziele auf einen «Un-Ort», wo man sich «auf Nimmerwiedersehen» verliere. Dahin verlaufe «die Linie des rasenden Ritts wie im *Wunsch, Indianer zu werden*, alle Surrogate durchbrechend, alle Bilder hinter sich lassend, ‹schief in der Luft› und kaum den Boden berührend, schon verschmolzen mit dem Pferd, nur noch Ritt und Bewegung, fliegender, ruhender Pfeil, ohne Sporen, ohne Zügel, ohne Körper und ohne Pferd, so dass man ‹kaum das Land vor sich als glatt gemähte Heide sah›, eine Landschaft wie das Sibirien Dostoevskis, […] vielleicht nicht einmal das, vielleicht nur eine Fläche ohne Topographie und ein oszillierendes Bild des Verschwindens.»[49] Eine ähnliche, wenn auch anders akzentuierte Deutung vertritt Peter-André Alt:

> Der Text treibt sein Spiel mit den Möglichkeiten der Imagination. Er nimmt die in der Phantasie ersonnenen Vorstellungen zunächst ernst, indem er die Fiktion zur Wirklichkeit erklärt. Sporen und Zügel muß der Reiter *wegwerfen*, weil er sie gegen die Wahrscheinlichkeit erfunden hat (Indianer reiten ohne Sporen und Zügel). Im Fortgang des Textes werden nun aber auch jene Elemente des Szenarios abgetragen, die für die Phantasie des Ritts unabdingbar sind: Pferdehals und Pferdekopf. Indem die fiktive Sequenz sich unter das mächtige Gesetz der Bewegung stellt, löst sie sich von der gegenständlichen Welt. Die Fiktion macht Dynamik dort erfahrbar, wo sie die Zeichen der objektiven Wirklichkeit auslöscht. Damit enthüllt sich die Absicht des Textes im Versuch, Bewegung unmittelbar in der Sprache präsent zu machen.[50]

49 Joseph Vogl, *Orte der Gewalt*. Kafkas literarische Ethik, München 1990, S. 146 f.

50 Peter-André Alt, *Franz Kafka. Der ewige Sohn. Eine Biographie*, München 2005, S. 259.

Wie gesagt: Der Vorteil der vorgeschlagenen synthetischen Interpretation ist ihre Einhelligkeit mit Positionen der Forschung. Alle drei Deutungen erfassen die innere Prozesshaftigkeit des Textes als progressive Entleerung, als Negation von Gegenständlichkeit, gleichsam als sich selbst zerreißende Sinnproduktion. Das ist ein beachtlicher hermeneutischer Konsens. Die Einhelligkeit der Auffassungen hat meines Erachtens zwei Quellen. Einerseits beruht sie auf der in der Forschung weit verbreiteten These, avancierte moderne Kunst habe ihre primäre Tendenz in der Erkundung von Negativität. Moderne Kunst wende sich gegen überlieferte Formen, verwerfe traditionelle Normen, sei vom Entzug des Sinns fasziniert, ziele auf Gegenstandslosigkeit und Abstraktion. Andererseits gibt es einen textinternen Faktor, welcher die entschieden negative Tendenz der drei Deutungen provoziert. Jegliche Interpretation muss nämlich der Tatsache Rechnung tragen, dass der Text offenkundig und geradezu provozierend eine zweifache Negation vollzieht. Denn einerseits wird die Existenz von Sporen und Zügeln als Elemente der dargestellten Welt behauptet, um gleich darauf negiert zu werden; andererseits verschwinden sogar Pferdekopf und Pferdehals. Nur die Negativitätsthese, so scheint es, ist in der Lage diesem Teil des Satzes gerecht zu werden: «[...] bis man die Sporen ließ, denn es gab keine Sporen, bis man die Zügel wegwarf, denn es gab keine Zügel, und kaum das Land vor sich als glatt gemähte Heide sah, schon ohne Pferdehals und Pferdekopf.»

So alternativlos die skizzierte Interpretationsrichtung zunächst scheinen mag, lässt sie bei zweiter Lektüre doch einen unüberhörbar angestrengten Ton vernehmen. Das Wegwerfen von Sporen und Zügeln und erst recht das Verschwinden von Pferdehals und Pferdekopf sind doch etwas krude Mittel, um Negativität anzudeuten. Und die Begriffe, die für das Telos des Textprozesses bemüht werden («fortschreitende Enthüllung der inneren Wahrheit des Imaginären», «oszillierendes Bild des Verschwindens», «Bewegung unmittelbar in der Sprache präsent zu machen»), erweisen sich als recht nebulös. Hinzu kommt, dass die Interpretationen wesentliche Aspekte des Textes ignorieren. Dazu gehört der Wunschcharakter der Äußerung, die doppelt lesbare syntaktische Konstruktion, der prozessuale Umschlag (durativ/bis), die poetisch anmutende Rhythmisierung. Solche Teilaspekte müsste eine gelungene Interpretation integrieren. Schließlich ist der semantische Kontext der Negativität und Leere, auf den sich die drei Interpretationen beziehen, viel zu unspezifisch, um den kulturellen Ort des Textes auszumachen. Und warum denn überhaupt Indianer und Pferd? Kann man mit einer Interpretation zufrieden sein, welche für die Selektion gerade dieser Elemente keine Erklärung bietet?

Scheinbar stehen wir also vor einem Dilemma. Einerseits ist angesichts der aufgelisteten Defizite ein anderer Interpretationsansatz, eine andere Strategie des in sich auseinandernehmenden Zusammennehmens dringend nötig. Andererseits muss dem flagranten Negationsgestus, der am Wegwerfen von Sporen und Zügeln und am Verschwinden von Pferdekopf und Pferdehals einen so starken Eindruck macht, Rechnung getragen werden. Das ist die opake Stelle, die durchsichtig gemacht werden müsste, sollte eine alternative hermeneutische Konstruktion gefunden werden. Und in der Tat löst sich das Dilemma in dem Moment auf, in dem man sich die Frage stellt, ob sich die Abwesenheit von Pferdekopf und -hals anders denn als radikale Negationsgeste, nämlich als Anspielung auf die mythische Figur des Zentauren verstehen lässt. Man sieht (im Sinne des zusammennehmenden Sehens) den Text anders und mit einem Male wird strahlend klar: Der Text entfaltet sich nicht als progressive Negation der imaginierten Inhalte, sondern vielmehr als gelungener Transformationsprozess. Die Grundgeste von Kafkas Satz – das passt durchaus zur psychischen Aktstruktur des Wunsches – ist mimetisch im Sinne des Anderswerdens, der Metamorphose, der imaginären Ich-Verwandlung. Die abschließende Formel: «schon ohne Pferdehals und Pferdekopf» markiert nicht die endgültige Entleerung der Phantasie, sondern vielmehr Vollendung, die innige Verbindung von Pferd und Reiter in der Figur des Zentauren. Nicht als einfache Negation ist das vorausgehende Wegwerfen von Sporen und Zügeln zu verstehen, sondern als Verzicht auf diejenigen Werkzeuge, welche in der europäischen Welt die Beherrschung eines Pferdes gewährleisten. Die Prozesshaftigkeit des Textes gestaltet sich als erträumte Überwindung eines bestimmten Verhältnisses zur Natur, als Ausweg aus einer Herrschaftsstruktur, die auch eine Struktur des Wissens und des Begehrens ist. In diesem Sinne zielt der inszenierte Wunsch auf ungebrochene Einheit mit den vitalen Kräften, eben auf die Lebensform des Zentauren. Wenn man den Text unter dieser Leitvorstellung betrachtet, dann gewinnen auch die oben erwähnten syntaktischen Eigentümlichkeiten ihren genauen Stellenwert. Die Überlagerung der zwei syntaktischen Muster lässt den Wunsch in Erfüllung übergehen, indem die ursprünglich dominante Konditionalstruktur der temporalen Satzstruktur weicht. Aus dieser Sicht lässt sich der Text als Performanz des erwünschten Inhalts verstehen. Der Wunsch ist nicht punktuell, sondern dehnt sich über eine durative Phase der Intensivierung aus. Diese hält an, «bis man die Sporen» lässt, das heißt: bis man die Fesseln verinnerlichter Naturbeherrschung abstreift. Auch das poetische Element lässt sich in dieses Deutungskonzept integrieren, denn das im Sinne der grammatischen Modalität zweideutige, daktylisch-poetische Zittern stellt den Transformationsvorgang dar, zeitigt den Umschlag vom Konjunktiv des Wunsches in den Indikativ der fiktiven Verwirklichung, den Übergang von Repräsentation in die sich vollziehende Performanz. Die mythische Verwandlung zum Zentauren ergreift den Text selbst. In *Wunsch, Indianer zu werden* ereignet sich in und an den Formen der deutschen Sprache eine andere, unerhörte Sprache, eine Indianersprache, wenn man will, und leistet in dieser Sprache den Übergang ins mythische Dasein. Dem entspricht, dass der Zentaur schließlich in die offene Heide hinausblickt und hinausreitet: in den Raum des Heidnischen also, in den mythischen Raum.[51]

Damit hat unsere hermeneutische Erfahrung an Kafkas Text einen Punkt erreicht, wo wir in der Lage sind, im Sinne Goethes das reine Phänomen dieser besonderen Erfahrungsart zu erfassen. Von zentraler Bedeutung ist der synthetische Charakter der entscheidenden Einsicht. Indem wir gesehen haben, dass die Abwesenheit von Pferdekopf und Pferdehals die vollendete Verwandlung ins Zentaurenwesen markiert, haben wir nicht bloß einer dunklen Stelle eine Bedeutung zugewiesen, sondern die umfassende Ganzheit des Textvorgangs erfasst. Diese Ganzheit hat nicht den Charakter einer additiven Reihe; sie ist vielmehr eine konstitutive Einheit, das heißt: eine Einheit, deren Teilmomente nur als Teilmomente *dieser* Einheit begreifbar sind. Die konstitutive Einheit ist das Prinzip der Intelligibilität dessen, was das Werk – der Text – ist, und genau dies ist Gegenstand der literarischen Interpretation. Der traditionelle Begriff für ein solches Prinzip ist Form, ein Begriff, den wir allerdings nicht in formalistischer Abstraktion auslegen dürfen. Er bezeichnet vielmehr die innere Gesetzmäßigkeit, die das Zusammenspiel der Teilmomente regelt. Der britische Philosoph Peter Strawson formuliert den entscheidenden Punkt mithilfe des logischen Be-

51 Über die «glatt gemähte Heide» müsste man weiter nachdenken. Dass das Wort «Heide» im Neudeutschen eben keine Nutzfläche bezeichnet, dass es einen Bereich meint, der *außerhalb* des kultivierten Sektors liegt, ist wohl der von Kafka erzielte Hauptakzent. Aber warum «glatt gemäht»? Eine mögliche Erklärung wäre darin zu sehen, dass *mähen* auch das Fressen von Tieren bezeichnen kann, eine Verwendung des Verbums, die auch das Grimmsche Wörterbuch registriert. Man sollte vielleicht auch die phonische Nähe von *mähen* und *Mähne* (langes Kopf-, Nacken-, Halshaar der Tiere in Erwägung ziehen. Die «glatt gemähte Heide» deutete dann auf eine Tierwerdung der Welt.

griffspaars type/token: «[…] we could regard each individual work of art itself, as type, as a general rule for the production of its own particular instances.»[52] Für den gegenwärtigen Argumentationszusammenhang ist es erhellend, das, was Strawson mit dem Begriff «particular instances» anspricht, mit individuellen Interpretationen eines Werks gleichzusetzen. Damit wird es möglich, Normativität und Variabilität der Interpretation literarischer Werke zusammenzudenken. Normativität: Nicht jede Interpretation ist gültig. Die Negativitätsthese produziert deswegen irreführende Interpretationen von *Wunsch, Indianer zu werden*, weil diese außerhalb des vom Formgesetz des Werkes begrenzten normativen Raumes liegen.

Es stellt sich die Frage, was für eine kognitive Leistung das Verstehen der Form als eines werkeigenen Gesetzes oder eines Prinzips der Intelligibilität ist. Cassirer hat im Anschluss an Begriffe der klassischen deutschen Philosophie die Erkenntnis der Form als Anschauung eines Allgemeinen bestimmt und diese zum methodologischen Grundkonzept der Geisteswissenschaften erhoben.[53] Das leuchtet in einem gewissen Sinn ein. Die Einsicht in das Organisationsprinzip des Textes, die uns durch Erkenntnis von Sinn und Funktion der Figur des Zentaurs plötzlich zugänglich wurde, lässt sich nicht durch eine propositional fassbare Feststellung erschöpfen, und insofern kann es nützlich sein, sie als Anschauung zu begreifen. Ein Nachteil des Anschauungsbegriffs scheint mir allerdings darin zu liegen, dass er mit Vorstellungen von visueller Wahrnehmung vermengt ist und allzu leicht ein gedankenloses Anstarren oder einen fixierenden Anblick suggeriert. Daher neige ich dazu, das intuitive und in

52 Peter Strawson, Aesthetic Appraisal and Works of Art, in P. S., *Freedom and Resentment and Other Essays*, New York 2008, S. 205.

53 Vgl. Ernst Cassirer, *Freiheit und Form. Studien zur deutschen Geistesgeschichte. Gesammelte Werke.* Hamburger Ausgabe Bd. 7, hrsg. Reinold Schmücker, Hamburg 2001.

diesem Sinne anschauliche Formverstehen auch als ein praktisches Wissen zu begreifen: ein Wissen, wie weiterzumachen ist in der Ordnung von Sinn, die der Text erzeugt, ein Orientierungswissen, zu dem ja Überblick, synthetische Erfassung der Zusammenhänge notwendig ist. Man rückt in ein solches Verstehen ein, rückt damit ein in die Sphäre des normativen Anspruchs, den das Kunstwerk stellt. Und man kann dann auch auf diesem Terrain weiter lernen, eine feinere Sensibilität für Nuancen entwickeln, verborgene Zusammenhänge erkennen. Das Verstehen des Werks kristallisiert sich nicht zu einem festen Ergebnis; es ist vielmehr Freisetzung von Agilität. Das hängt damit zusammen, dass die Form selbst, als organisierendes Prinzip, ein Tätiges ist. An der hermeneutischen Erfahrung bewahrheitet sich somit die oben zitierte Schönheitsdefinition, die Goethe seinem Bericht von der *Campagne in Frankreich* einfügte: «[...] das Schöne sei, wenn wir das gesetzmäßig Lebendige in seiner größten Tätigkeit und Vollkommenheit schauen, wodurch wir zur Reproduktion gereizt uns gleichfalls lebendig und in höchste Tätigkeit gesetzt fühlen».[54]

Wir sind von einem sehr vagen Begriff der historisch-ästhetischen Verortung des kleinen Textes ausgegangen, und ich möchte nun auf dieses Thema zurückkommen. Denn aufgrund unserer Interpretation des Textes sind wir nun in der Lage, die historischen Bezüge etwas genauer zu erfassen. Historisch-kontextuelle Vergleiche, die das zeitgenössische Bild- und Sprachreservoir erschließen, sind nicht bloß deswegen nützlich, weil sie eine bestimmte Deutung plausibilisieren; sie führen vielmehr oft zur Vertiefung des gewonnenen Textverständnisses. Hier sollen vor allem Bezüge angesprochen werden, die eine differenziertere Erkenntnis des ästhetischen Programms, das Kafkas Text verwirklicht, ermöglichen.

54 FA I, 16, 546.

Grundlegend in diesem Zusammenhang ist ein in den ersten Jahrzehnten des 20. Jahrhunderts besonders einflussreiches Werk ästhetischer Kritik, dessen theoretisches Zentrum im Begriff des mimetischen Anderswerdens liegt. Gemeint ist Nietzsches *Geburt der Tragödie.* Im achten Kapitel dieser Schrift stellt Nietzsche die provokante These auf, die Tragödie durchbreche den «lügenhaften Aufputz [der] vermeinten Wirklichkeit des Culturmenschen».[55] Die Abwendung vom oberflächlichen Wirklichkeitsbegriff geht mit der Erfahrung des mimetischen Anderswerdens einher. Von dionysischer Erregung ergriffen, fühlten sich – so Nietzsche – die Adepten des anwesenden Gottes als mythische Wesen, nämlich als bocksfüßige Satyren. Aus dieser Transformation geht der Chor der Ur-Tragödie hervor. Dazu schreibt Nietzsche: «Dieser Prozess des Tragödienchors ist das *dramatische* Urphänomen: sich selbst vor sich verwandelt zu sehen und jetzt zu handeln, als ob man wirklich in einen anderen Leib, in einen anderen Charakter eingegangen wäre.»[56] Ein breites Spektrum modernistischer Kunstpraktiken und Programme fand in diesen Worten Nietzsches eine leitende Inspiration. Kafkas Indianertext diesem Feld zuzurechnen, leuchtet nicht zuletzt deswegen ein, weil nach ikonographischer Tradition der Triumphwagen des Dionysos von Zentauren gezogen wurde. Wie die ebenfalls hybriden Satyren gehörten sie seinem Tross an. In solchen dionysischen Mischwesen spreche sich, so Nietzsche, die «geschlechtlich[e] Allgewalt der Natur» aus.[57] Schon im Altertum wurde gemutmaßt, dass die mythische Figur des Pferdmenschen im Stamm der Skythen ihre historische Wirklichkeit hatte. Diese ritten, so hieß es, mit solch erstaunlicher Geschicklichkeit, dass sie zusammen mit ihren

55 Friedrich Nietzsche, *Sämtliche Werke*, Kritische Studienausgabe, hrsg. von Giorgio Colli und Mazzino Montinari, München 1980, Bd. 1, S. 58.

56 Ebd. S. 61.

57 Ebd. S. 58.

Pferden einen einzigen Leib zu bilden schienen. Noch Goethe hielt diese Herleitung der mythischen Figur für erwägenswert und sie scheint auch eine plausible Motivierung für die innige Verbindung von Indianer und dionysisch gefärbtem Zentauren zu bieten, welche die Kernvorstellung von Kafkas Text ausmacht. Die Skythen waren gleichsam die Indianer des Altertums.

Eine Überblendung von Indianer und Zentauren, wie sie Kafkas Text kennzeichnet, weist die zweite hier anzusprechende Referenz auf: der Stich *Verfolgter Zentaur*, den Max Klinger seiner 1881 gedruckten Serie *Intermezzi* beifügte (Abb. 2).

Klinger ist heute in Vergessenheit geraten, seine Beethoven- und Nietzsche Statuen machten ihn aber zu Lebzeiten berühmt-berüchtigt, und seine raffinierten Bilderzählungen *Der Handschuh* und *Der Tod* genossen eine breite Zirkulation. Dass Kafka den hier reproduzierten Stich kannte, ist meines Wissens nicht belegt, dennoch kann uns die Bildkomposition als Indiz des kultursemantischen Stellenwerts dienen, der an der Schwelle zum Modernismus der Figur des Zentauren zukam. Der Bildinhalt wird nämlich durch den überdeutlichen Kontrast zwischen dem Zentauren auf der linken Bildseite und dem ihn verfolgenden Jäger (bzw. Soldaten) auf der rechten organisiert, dieser mit stählernem Schwert und Helm ausgerüstet, die Zügel fest im Griff. Weil der Reiter sonst nackt ist, erhalten die genannten Attribute den Status von allegorischen Chiffren: zeichenhafte Stellvertreter der unerbittlichen Macht zivilisatorischer Herrschaft. Eine verwandte semantische Besetzung von Requisiten des Reitens, zumal der Peitsche, ist an einer Zeichnung Kafkas feststellen (Abb. 3).

In *Wunsch, Indianer zu werden* haben Sporen und Zügel eine ähnliche semantische Funktion. Und wenn man in Klingers Bild nicht bloß eine Jagdszene sieht, sondern die Urszene des Zivilisationsprozesses, dann ist die Verwandtschaft zur semantischen Oppositionsstruktur bei Kafka noch auffallender: mit dem signifikanten Unterschied allerdings, dass Kafkas Zentaur aus

Abb. 2: Max Klinger: Verfolgter Zentaur (Intermezzi, Opus IV, Blatt 3). 1881, Radierung, 20,9 cm × 41,1 cm.

Abb. 3: Franz Kafka, Zeichnungen (transition 27, 1938).

dem Herrschaftsverhältnis ausbricht und entkommt, während die narrative Tendenz bei Klinger eher den entgegengesetzten Ausgang, nämlich den Sieg des herrschaftswütigen Jägers, ahnen lässt.

Man kann die Grenze, die zwischen Klinger und Kafka verläuft, dahingehend bestimmen, dass jenem keine Möglichkeiten der künstlerischen Emanzipation des Zentauren zur Verfügung standen. Klingers Zentaurenkonzept bleibt der – mit Nietzsche gesprochen – «vermeinten Wirklichkeit des Culturmenschen» verhaftet, bleibt, mit anderen Worten, Repräsentation. Erst den modernistischen Kunstrichtungen der ersten beiden Jahrzehnte des 20. Jahrhunderts wird es gelingen, eine Bildsprache zu entwickeln, welche die Grenzen der Repräsentation überschreitet. Im deutschsprachigen Raum kristallisieren sich die einschlägigen Bemühungen in der um Wassily Kandinsky und Franz Marc zentrierten Gruppe, die den Namen *Blauer Reiter* trägt. Die Gleichzeitigkeit zu Kafkas *Wunsch, Indianer zu werden* ist frappant. 1912 erscheint der Almanach der Gruppe bei Piper in München. Das *sujet* des Umschlagbilds ist zwar kein Zentaur, aber eben ein Reitender (der heilige Georg), von Kandinsky so geformt und koloriert, dass Reiter und Pferd in innigster Vereinigung erscheinen.

In einem Beitrag zum Almanach kommentiert Marc eine zweite Pferd-und-Reiter-Studie von Kandinsky (Abb. 4). Ebenso wie des Künstlers viele Umschlagentwürfe lässt dieses Bild die Funktion des Reitermotivs als Träger eines auf die Freisetzung der Abstraktion hinzielenden Stilwollens erkennen. Das entspricht der in Kafkas Text verwirklichten Sinnintention. *Wunsch, Indianer zu werden* zielt auf den Durchbruch zu einer neuen künstlerischen Sprache. An diesen Beispielen wird deutlich, dass Kafkas Wunsch auch ein epochaler Wunsch ist, der wesentliche Motive des Modernismus bündelt. Kein Zufall, dass Gottfried Benn, im Jahre 1951 auf die eigenen Anfänge zurückblickend, die

Abb. 4: Wassily Kandinsky, Pferd-und-Reiter-Studie.

1909 von Marinetti in der französischen Zeitung *Le Figaro* verkündigte Geburt des Zentauren («naissance du Centaure») zum Gründungsereignis der modernen Kunst erklärte.[58]

Meine abschließende Überlegung gilt einem bislang nicht angesprochenen Sinnzusammenhang, in dem jedoch der glühende Kern von Kafkas Text zu verorten ist. Die Kernthese von Freuds *Traumdeutung* – «Der Traum ist eine Wunscherfüllung.» – wurde schon eingangs erwähnt, und ich möchte nun wieder an sie erinnern, weil sie die Frage nach der Sexualität als einer möglichen semantischen Schicht von Kafkas Text aufwirft. Wenn wir in der Nachfolge Freuds den vorgestellten Wunschinhalt als ein Kondensat von unterschwelligen Begehrensströmungen begreifen und darin die Quelle der durch den Wunsch gezeitigten Lustprämie sehen, dann ist zu vermuten, dass die Sinndimension der Sexualität auch im *Wunsch, Indianer zu werden* wirksam ist. Wie erwähnt, hatte schon Nietzsche im Zusammenhang mit dem dionysischen Satyr von der «geschlechtlichen Allgewalt der Natur» gesprochen. Auch ikonographisch ist die Verbindung zwischen Sexualität und der Vereinigung von Menschen und Pferd gut belegt. Man denke zum Beispiel an Arnold Böcklins Gemälde *Das Gefilde der Seligen* (1878, Kunstmuseum Winterthur), in dem das Motiv als zwangsfreie Idylle behandelt wird. Dementsprechend lässt Hugo von Hofmannsthal den Schauplatz seines kleinen Versdramas *Der Zentaur: Idylle* (1893, angeblich von «einem antiken Vasenbild: Zentaur mit verwundeter Frau am Rand eines Flusses» inspiriert) auf einem Schauplatz «im Böcklinschen Stil» spielen. Hier vertritt der Zentaur eine schweifende Sexualität, die in den normierten Raum einer bürgerlichen Ehe eindringt. Sein üblicher Aufenthalt liegt jedoch außerhalb des kultivierten Raums, eben in der Heide:

58 Gottfried Benn, *Probleme der Lyrik.* Wiesbaden 1953, S. 10.

Die öden Heiden wählte ich zum Tagesweg,
Flamingos nur und schwarze Stiere störend auf,
Und stampfte nachts das Heidekraut dahin im Duft,
Das hyazinthne Dunkel über mir.
Zuweilen kam ich wandernd einem Hain vorbei,
Wo sich, zu flüchtig eigensinnger Lust gewillt,
Aus einem Schwarme von Najaden eine mir
Für eine Strecke Wegs gesellte, die ich dann
An einen jungen Satyr wiederum verlor,
Der syrinxblasend, lockend wo am Wege saß.[59]

Die dramatische Handlung geht tragisch aus, die Frau will mit dem Zentaur fliehen, ihr Ehemann, ein Schmied und also Kulturmensch in der Urform, ermordet sie mit einem Pfeil.

Eine bildliche Behandlung des Zentaur-Motivs, welche das Motiv frei schweifender, lasziver Sexualität ins Zentrum rückt, finden wir in Zeichnungen von Heinrich Kley (ein Beispiel ist Abb. 5). Kleys Zeichnungen waren im ersten Jahrzehnt des zwanzigsten Jahrhunderts durch Veröffentlichung in den Zeitschriften *Jugend* und *Simplizissimus* sowie in den von ihm herausgegebenen *Skizzenbüchern* (1909–10) gut bekannt. Dessen Werk befindet sich insofern in nächster Nähe zu Kafka, als Zeichnungen von ihm in der von Carl Sternheim und Franz Blei herausgegebenen, kurzlebigen (1908–1910) Prachtzeitschrift *Hyperion* erschienen, in der auch Kafka mehrere kleine Texte, die wenig später (1912) in *Betrachtung* aufgenommen wurden, veröffentlichte.[60]

Wie wird nun das sexuelle Motiv in *Wunsch, Indianer zu werden* behandelt? Ist es dort vorhanden? Hier ist mit Behutsamkeit vorzugehen, um die richtige Balance von Vordergrund und Hintergrund, von Explizitem und Implizitem zu finden. Wie ge-

59 Hugo von Hofmannsthal, *Der Tod des Tizian. Idylle. Zwei Dichtungen*, Leipzig 1893, S. 35.

60 Es handelt sich um die Texte: *Die Bäume, Kleider, Die Abweisung, Der Kaufmann, Zerstreutes Hinausschaun, Der Nachhauseweg), Die Vorüberlaufenden* und *Der Fahrgast*.

Abb. 5: Heinrich Kley, Zentauren (*Skizzenbuch. Hundert Federzeichnungen*, München 1909, S. 21).

zeigt wurde, ist die Verlaufsgestalt von Kafkas Text als Übergang von Wunsch in Erfüllung, von Repräsentation in performativen Vollzug strukturiert. Die vom Text inszenierte mimetische Verwandlung ist ein sich intensivierender Prozess, der in der Figur des Zentauren kulminiert. Aber man darf das Moment der Erfüllung nicht allzu sehr betonen. Wie wir gesehen haben, ist der Gesamttext von der optativen Geste der Ellipse überspannt und auch die suggerierte Transformation ereignet sich im virtuellen Bereich der Fiktion. Dieses Zögern, dieses Hineingehaltensein in die Sphäre des Als-ob, ist ein wesentliches Moment des Formexperiments, das Kafka hier durchführt. Ebenso wesentlich und zur Form gehörend ist das Spiel von Ausdrücklichkeit und Latenz. Das Wunschszenario hat eine Penumbra-ähnliche Struktur. Deren helle Mitte bildet das pubertäre Phantasiebild des Indianers. Das dunkle, jedoch noch sichtbare Randgebiet, das sich als die formgebende mythische Schicht erweist, ist die abwesend-gegenwärtige Figur des Zentauren und damit einhergehend die Prozessform dionysischer Verwandlung. Schließlich fast gänzlich von der vordergründigen Figuration verhüllt, jedoch gerade an jener Stelle erkennbar, die ich oben als *poetische* Steigerung und damit als *Auslöser* der mythischen Verwandlung beschrieben habe, ist die sexuelle Schicht spürbar: «immer wieder kurz erzitterte über dem zitternden Boden [...].» Sowohl das Stossartige der Vibrationen als auch das antwortende Erzittern von unten her lassen eine koitale Komponente des Wunsches zum Vorschein kommen. Die sexuelle Figuration fällt mit der poetischen Rhythmisierung des Wunsches zusammen, initiiert die Ablegung der Requisiten von zivilisatorischer Herrschaft und ermöglicht damit die vollendete Verwandlung in den Zentauren. In der zwei Jahre später entstandenen Erzählung *In der Strafkolonie* steht ein Satz, an dem man unschwer ein Echo der zitierten Stelle vernehmen kann. Von der sogenannten Egge des Strafapparats heißt es dort: «Zitternd sticht sie ihre Spritzen in den Körper ein, der überdies vom Bett aus zittert.»[61] Die Parallelstellen sind nicht sinnidentisch und müssen im jeweiligen Textzusammenhang gelesen werden. Zusammengenommen jedoch lassen sie einen sprachlich-imaginativen Faszinationskern erkennen, der seine Anziehungskraft zweifellos dem Nexus der Sexualität zu verdanken hat. Was in *Wunsch, Indianer zu werden* die künstlerische Verwandlung der Welt und damit einhergehend das Entkommen aus den Zwängen der Moral figuriert, erscheint im *Strafkolonie*-Text allerdings als von Gewalt und Schmerz durchtränkte masochistische Phantasie.

Ich komme zum Schluss. Die Singularität von Kafkas Wunsch entspringt seiner Erfahrung als deutsch-jüdischer Bürger von Prag und damit verbunden natürlich seinen schriftstellerischen Aspirationen. Sie entspringt seinem Begehren nach einem anderen Leben. Es kann hier nicht Aufgabe sein, die Verästelungen des Wunsches im Gesamtwerk Kafkas zu verfolgen, aber auf einen Hinweis darf nicht verzichtet werden. Das Romanfragment *Der Verschollene* lässt nicht eindeutig erkennen, ob der Protagonist schließlich im Naturtheater von Oklahoma so etwas wie soziale Integration und Anerkennung erlebt, aber Andeutungen in diese Richtung gibt es schon, wie auch immer ironisch gebrochen. Dabei fällt auf, dass die Szenerie hier die ins Unendliche sich ausbreitende Ebene Amerikas ist. Taucht hier wieder das Motiv der «glatt gemähte[n] Heide» auf: als Raum des Entkommens und der Selbsttransformation? Sollte der Wunsch, Indianer zu werden, den wir als kleines Prosaexperiment kennengelernt haben, eine romanhafte Erfüllung finden? Solche Querverbindungen sind deswegen interessant, weil sie auf Gesetzmäßigkeiten des Imaginären schließen lassen, aus denen ein schriftstellerisches Werk hervorgeht. Und im *Verschollenen* gibt es ja eine Spur, die

61 Kafka, *Erzählungen*, S. 173.

direkt zum Indianerwunsch zu führen scheint: den Namen des Protagonisten. Er heißt Rossmann, und dieser Name, gleichsam die Signatur des Zentauren, ist seine Segnung. Im Namen Rossmann steckt die Möglichkeit eines Entkommens in den Weiten der Prairie, die Möglichkeit der künstlerischen Verwandlung, die Möglichkeit einer anderen, noch unerhörten Sprache. Literatur zu interpretieren, kann auch heißen: diese Sprache – die Sprache der Kunst – zu erlernen.

Das Signet des Schwabe Verlags ist die Druckermarke der 1488 in Basel gegründeten Offizin Petri, des Ursprungs des heutigen Verlagshauses. Das Signet verweist auf die Anfänge des Buchdrucks und stammt aus dem Umkreis von Hans Holbein. Es illustriert die Bibelstelle Jeremia 23,29:
«Ist mein Wort nicht wie Feuer, spricht der Herr, und wie ein Hammer, der Felsen zerschmeisst?»